옷
입은
사람이야기

옷 입은 사람 이야기

입고 걸치는
모든 것들에
숨겨진 역사

이민정 지음

바다출판사

욕망을 걸친 인간의 자화상

이 소녀에게는 무슨 일이 있었던 것일까? 손가락 사이에 서너 개의 면도칼을 끼우고 망설임 없이 긁어내린 듯한 끔찍한 상처. 가혹한 학대를 받았을지 모른다. 어쩌면 희귀한 풍토병의 결과일수 도 있다. 하지만 이런 유의 흉터를 이르는 말은 우리가 상상하는 것만큼 끔찍하지 않다. 장식용 흉터Ornamental Cicatrization.

그렇다. 몸을 치장하기 위해 의도적으로 만든 흉터이다. 근대 이전까지 아프리카와 오스트레일리아의 원시 부족 사이에서 빈번히 목격되었던 참으로 괴이한 풍습. 타고난 미를 부정하고 극한의 고통을 감내하면서 얼굴에 새긴 흉터는 무엇을 위한 것일까? 전쟁에 대비하여 호전성을 극대화하기 위한 방편War scars이었을 수도 있다. 혹은 부족 간의 구분을 용이하게 하려거나 부족 내의 유대감을 강화하기 위한 수단

XXXXXXXXX

Tribal scars이었을 수도 있다. 하지만 그 표면의 목적이 무엇이었든 그 기저에는 눈에 보이지 않는 더 근본적인 이유가 있다.

사람은 인지할 수 있는 범위 내에 존재하는 사회 구성원들 중에서 자신이 흠모하는 대상 혹은 집단과 동화되기 위해 그들의 미적 기준에 맞추어 스스로를 치장한다. 그리고 그 소속 집단 내에서의 경쟁으로 인해 치장을 세밀화하거나 과격화함으로써 다른 사람과 차별화하고자 분투한다. 쉽게 말해, 누군가와 같아지고 싶으면서도 누군가와 달라지고 싶다는 두 가지 모순된 욕망의 충동에 떠밀려 제 모습을 변화시켜 간다. 물론 그 과정에서 수반되는 유무형의 희생도 기꺼이 감수한다. 이것이 유행의 탄생과 소멸을 관장하는 인간의 심리다. 인류학자들도 그 기원을 온전히 파악하지 못하겠다고 고백한 위 소녀의 장식용 흉터도 비슷한 과정을 거쳐 나타나게 되었을 것이다.

혹자는 말할 것이다. 비문명화된 부족들이기에 저런 흉측한 몰골이 되고자 의도적으로 얼굴에 상처를 냈을 거라고. 그렇다면 과연 스스로 문명화되었노라 자부했던 유럽을 비롯한 많은 문화권에서는 얼마나 이성적인 방법으로 아름다움을 추구했을까?

아주 단순한 장신구를 얻기 위해서 문명화된 인간들은 300년이 넘는 세월 동안 한 동물을 지독하고 끈질기게 살육하였다. 또, 진위가 불분명한 신흥종교의 가르침을 따르기 위해 속옷에 매우 기이한 의미를

XXXXXXXXX

부여하여 스스로를 괴롭히기도 했다. 제 눈에 보기 이상하다는 이유로 남의 옷을 벗기기도 했고, 억지로 입히기도 했다. 도전과 인내로 성공을 쟁취하기도 하지만 미와 이익 그리고 경쟁과 신념에 함몰되어 비극을 만들어 내기도 한다. 어떤 것이 진짜 인간의 모습일까?

이 책은 그 모습들을 좀더 자세히 찾아보려 한다. 옷이 아닌 욕망을 걸친 인간의 자화상. 지극히 이성적이다가도 때때로 유행의 덫에 걸려 지독히 몰이성적으로 되어 버리는 기막힌 이야기들.

어떤 이야기들이 펼쳐질 것인지 영국의 심리학자 존 칼 플뤼겔John Carl Flügel의 통찰로 한 조각 힌트를 드린다.

"유행은 이해하는 것이 아니다. 복종하는 것이다"

본서의 9장 '불을 막는 마법의 속옷'은 몰몬교 속옷의 특이성을 설명하기 위해 쓴 글이다. 흔히 제기되는 몰몬교에 대한 의구심을 포함하긴 했지만, 몰몬교 속옷이 탄생하게 된 정황을 설명하기 위한 것이지, 몰몬교 자체를 비하하기 위한 것이 아니다. 필자는 몰몬교의 영적 가치에 대해 알지 못하는 비신자이므로, 이 글로 인해 신앙의 존엄성에 상처 받는 독자가 없기를 바란다.

제1부

패션의
희생자들

{ 300년간의 일방적 살육 }

1800년대 초반 미국의 깊은 서부. 단 한 번도 사람의 발길이 닿지 않은 험준한 로키 산맥으로 수천 명에 이르는 사내들이 모여들기 시작한다. 검게 그을린 얼굴을 수염으로 덮은 캐나다 출신 거한, 유럽에서 건너온 숙련된 소총수, 노예의 신분에서 막 벗어난 건장한 아프리카 흑인, 그리고 이름과 출신을 알 수 없는 야생의 사내들이 사냥철을 기다리며 올무를 돌보고 있다. 당시로선 최고의 명중률을 자랑하던 주둥이 장전식 호큰 장총Hawken rifle*과 예리하면서 묵직한 스페인식 외날 단검은 혹시 모를 교전에 대비한 그들의 필수품. 최소한 1년 동안 버틸 수 있는 식량과 담배 등 생존에 필요한 모든 것을 챙겨들고 때로는 홀로,

*
호큰장총Hawken rifle은 1800년대 초에 무기 제조업자인 제이콥 호큰과 새뮤얼 호큰 형제가 만들었다. 이 총은 주둥이 장전식Muzzle loader이었는데 이는 총알과 화약 모두 총구를 통해 장전하는 방식을 말한다. 동그란 쇠구슬이 총알로 사용되었고 사정거리는 300여 미터인데, 당시 기준으로는 상당히 긴 거리였다.

때로는 무리를 지어 깊은 산속으로 들어간다. 사냥의 목적은 그들에게 부를 안겨줄 동물을 잡는 것. 수천 명의 사냥꾼 모두가 열망했던 이 동물은 과연 어떤 놈이었을까?

맹금 중 으뜸이라는 흰머리독수리, 다양한 전설과 신화의 주인공 회색늑대, 400킬로그램에 육박하는 거대한 몸집의 그리즐베어, 산의 사자라 불리는 퓨마, 무리 지어 달리며 지축을 흔드는 아메리칸 바이슨 등 진귀한 대형 야생 동물이 로키 산맥 일대에 가득했지만 이상하게도 당시의 사냥꾼들은 이 야수들에 큰 관심을 갖지 않았다. 그들이 쫓던 사냥감은 작고 보잘 것 없는 설치류 동물 비버였다.

비버는 강이나 하천에서 앞니로 갉아낸 나무를 모아 집을 짓고 사는 동물이다. 진귀하다고 할 순 없어도 제 나름의 쓸모는 있었다. 암수 구분 없이 비버의 생식기 주변에는 한 쌍의 향낭이 있는데 이를 말린 것이 두통 등을 완화시키는 약이나 향수의 원료로 사용되는 해리향海狸香이다. 고기 중에서는 꼬리를 주로 먹었다.

중세 서양의 가톨릭 전통에 따르면 예배일에 붉은 피가 흐르는 고기를 먹어선 안 된다. 붉은 피는 뜨거운 것이고, 뜨거운 것은 성적 욕망을 상징하기 때문이라는 이유였다. 하지만 비버 고기, 특히 비버의 꼬리 고기만은 예외였는데, 그 이유가 참 괴상하다. 비버 꼬리는 대부분의 시간 동안 물속에 잠겨 있으므로 붉은 피가 흐르더라도 정력을 가라앉히는 차가운 고기라는 것이다. 아메리카 원주민들이 들으면 참으로 우스운 이야기일 터이다. 그들은 이와 반대로 비버 꼬리가 정력에

좋다고 믿었기 때문이다. 그러나 그들의 논리 또한 터무니없기는 마찬가지였다. 비버는 위험을 감지하면 손바닥처럼 넓적한 꼬리로 수면을 때려 다른 비버들에게 신호를 보내는데 어찌나 소리가 큰지 수백 미터 밖에서도 들릴 정도다. 그래서 추론한다. '비버 꼬리는 엄청나게 강한 힘으로 수면을 친다. 꼬리는 힘 있고 단단하다. 그러므로 정력에 좋다.'

정력 증강과 향수의 원료로 쓰였다고는 해도 비버를 원하는 사람은 언제나 일부에 불과했다. 따라서 오직 비버만을 잡는 엄청난 수의 전문 사냥꾼이 존재했다는 것도 상상하기 힘든 일이다. 하지만 유럽 대륙을 휘감은 하나의 유행이 모든 것을 바꾸어 놓았다.

유럽은 오랜 세월 모자를 착용하는 문화였다. 남자의 경우 맨 머리를 드러낸 채로 외출하는 일은 극히 드물었고, 여자들도 모자를 착용하거나 가발이나 장신구 등으로 머리를 치장해 최소한 자연 상태 그대

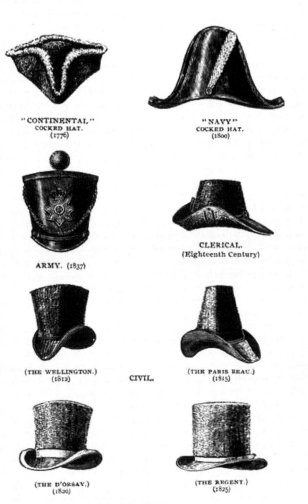

"CONTINENTAL"
COCKED HAT.
(1776)

"NAVY"
COCKED HAT.
(1800)

ARMY. (1837)

CLERICAL.
(Eighteenth Century)

CIVIL.

(THE WELLINGTON.)
(1812)

(THE PARIS BEAU.)
(1815)

(THE D'ORSAY.)
(1820)

(THE REGENT.)
(1825)

비버 털로 만든 다양한 펠트 모자

패션의 희생자들

로의 머리로 외출하는 일은 없었다. 유럽 인구 전부가 모자의 소비자였다는 말이다.

그러던 중 1500년대를 전후로 비버의 털을 압착하여 만든 펠트 모자가 가장 이상적인 탄력과 윤기를 보인다는 사실이 알려지면서, 일부 부유층의 외출 필수품으로 자리매김하게 되었다. 이는 곧바로 유럽 전역을 매혹한 유행 상품이 되어 번져 나갔고, 결과적으로 비버 털의 수요를 폭발적으로 증가시켰다. 수요가 급증하니 가격이 오르고, 가격이 오르니 더 많은 사람이 더 자주 사냥에 나서게 되었다. 눈에 띄는 즉시 털이 벗겨지는 판국이니 당연하게도 유럽 전역에서 비버의 씨가 말라 갔고, 그에 따라 천정부지로 가격이 치솟았다. 그럼에도 불구하고 너

전설적인 비버 사냥꾼 세스 킨만(1815~1888)
주둥이 장전식 장총을 들고 사슴 가죽으로 옷을 해입은 전형적인 산인의 모습이다.
비버 외에도 곰이나 사슴 등의 큰 동물을 잘 잡았던 것으로 유명하며, 사슴뿔로 가구를 만들고
악기를 연주하는 등 재주가 많았다. 이 때문에 산인 중 그의 사진이 많이 남아 있다.

옷 입은 사람 이야기

나 할 것 없이 비버 모자만을 고집했다. 사람들 사이에서 부대끼며 사는 이상 유행에 눈감고 다닐 수는 없었던 것이다.

만들기만 하면 판매는 보장된 것이나 다름없는 황금 같은 기회인데 재료를 구할 길이 묘연하니 유럽의 햇터Hatter, 즉 모자를 만드는 수공업자들의 속은 까맣게 타들어갔다. 그때 그들을 구해준 것이 바로 아메리카라는 신대륙이었다. 동부 일부를 제외하고는 사람의 발길이 닿지 않았던 그야말로 광활한 미개척의 땅에는 아직도 수많은 비버가 서식하고 있었던 것이다.

그리하여 가진 것은 몸뿐이었던 그 시절의 많은 하층민들이 살아 있는 현금이라 할 수 있는 비버를 앞 다투어 찾아 나서게 되었고, 그들이 훗날 북아메리카의 역사와 문학 속에 산인Mountain man으로 기록된 사람들이다. 우리나라에서 '산인' 혹은 '산사람'이라 함은 시대에 관계없이 산에 살면서 임업과 사냥에 종사하는 사람을 일컫는데 북아메리카 문화권에서 말하는 '산인'은 1800년대 초반에서 후반까지 활동했던 비버 사냥꾼을 특정하여 가리키는 말이다.

문학 속에서 보이는 산인의 삶은 모험적이고 낭만적이며 로맨스로 가득했다. 말 한 필과 함께 나선 사냥 길, 눈부시게 아름다운 경치를 병풍 삼아 시냇가에 오두막을 세우고 비버를 사냥한다. 한가한 때는 맑은 물에 발을 담근 채 낚싯대를 드리워 저녁을 장만한다. 모닥불에 싱싱한 송어를 굽고 페미칸Pemmican* 몇 조각을 더해 부족하지 않은 식사를 하며, 별이 빽빽한 밤하늘을 감상하고는 따뜻한 커피 한 잔과 노래 한 소절로 외롭지만 평화로운 하루를 마무리한다.

새롭게 나선 사냥 길에서는 친절한 원주민 부족과 마주치게 되고, 그중 순수한 눈의 아름다운 여인과 사랑에 빠져 또 다른 삶의 세계로 들어서게 된다는 정도의 이야기. 하지만 역사의 전언으로 보게 되는 그들의 실제 삶은 때때로 너무나 가혹했다. 더 많은 비버를 잡기 위해서 그들은 경쟁적으로 더 깊은 산, 더 험한 골짜기로 들어갔고, 많은 이들이 쓸쓸한 죽음을 맞이했다. 혹독한 겨울 한 가운데에서 굶어 죽거나 사나운 짐승에게 목숨을 빼앗겼으며, 때로는 적대적인 원주민 부족에게 붙잡혀 1년간 사냥하여 모은 비버 가죽을 모두 빼앗기고 결국은 살해되었다.

수많은 산인이 다양한 지역에 흩어져 나름의 사냥 활동을 전개했기 때문에, 그들의 삶을 전체적인 관점에서 평가하기는 쉽지 않다. 문학 작품보다 더 낭만적인 삶을 살았던 어떤 이가 존재했던 것도 사실이고, 역사의 기록보다 더 비참하게 죽어간 이가 있었던 것도 사실이다. 다시 말하면 사냥꾼들의 삶은 정해지지 않은 행로를 따라가며 다양한 이야기를 남겼다는 것이다.

예를 들어 제임스 벡우스James Beckwourth, 훗날 흑인의 영웅으로 칭송받게 되는 이 남자의 이야기는 참으로 흥미롭다. 옐로우 스톤에서 비버

페미칸Pemmican이란 말린 순 살코기를 짓이겨 동물성 지방에 섞은 음식으로, 이를테면 아메리카 원주민의 소시지다. 보관이 용이하고 열량이 높아 산인들의 비상식량으로 유용하게 사용되었고 후에 아문센을 비롯한 탐험가들도 애용하였다. 바이슨이나 큰 사슴 등의 고기와 지방이 주재료이다.

덫을 살피러 나온 그는 불행하게도 사나운 크로우 족^{Crow tribe}(까마귀 부족) 전사들에게 납치당한다. 자신의 영토를 침범한 이방인을 처벌하려는 크로우 족에게 둘러싸여 '이제는 꼼짝없이 죽는구나' 하던 순간, 사마귀 하나가 기적적으로 그를 살려내었다.

그의 왼쪽 눈꺼풀 위에는 팥알만 한 사마귀가 있었는데 부족의 노파 하나가 그것을 발견하고는 난데없이 기쁨의 탄성을 지른다. 아주 어릴 적 잃어버렸던 아들이 이제야 돌아왔다며 울기 시작한 노파를 시작으로 여럿이 따라 울더니 죽음의 형장은 순식간에 가족 상봉의 축제마당으로 탈바꿈 한다. 원주민 언어를 알아들을 리 없는 그는 영문도 모른 채 사람들에게 끌려가 '큰 그릇'을 만나게 되니 그는 그의 아버지이다. 또 다른 곳으로 떠밀려 가보니 이모와 숙모와 사촌들과 여동생들까지 있다. 마지막으로 어느 위대한 용사가 기거하는 천막을 방문하니 그의 이름은 '검은 천막'이고, 그의 딸들은 위로부터 '잔잔한 물', '검은 물고기', 그리고 '세 갈래길'이라는데 이게 웬 횡재수인가! 셋 모두 참으로 고운데 그중 하나를 골라 결혼부터 하라며 부족민 모두 나와 등 떠밀며 호들갑이다.

눈꺼풀 위의 사마귀를 발견한 어머니(?)의 확신(실제로는 착각)을 일가친척 누구도 의심하지 않았고, 그는 겉으로 보기엔 너무도 사납지만 저들끼리 있을 땐 더없이 다정다감한 부족의 일원으로 신속하게 편입된다. 결국 큰딸인 '잔잔한 물'과 결혼하고, 후에는 '존경받는 전사' 즉 전사의 우두머리 자리까지 올라가는 영광도 얻는 등 행복한 나날이 이어졌다. 그는 그 보답으로 자신의 전문 분야인 모피 거래를 통해 부족에게 많은 이익을 가져다준다. 나중에는 여러 가지 이유로 크로우 족과 이별하고 서부 캘리포니아에 정착하게 되지만, 그가 그들과 함께 보낸 시간은 책으로 남겨져 산인의 삶에 대한 아름다운 서사를 오늘날까지 전해 주고 있다.

반면 산인들에게, 그리고 아메리카 원주민들에게 돈으로 밖에 보이지 않았던 비버의 삶은 지독하게 단조로웠다. 죽음과 죽음과 죽음뿐이었다. 사냥만이 호구지책이자 부를 꿈꿀 수 있는 유일한 수단이었던 사람들은 미시시피 강을 건넜고 세인트루이스를 기점으로 로키 산맥 일대를 휩쓸며 결국 서쪽 끝 밴쿠버와 샌프란시스코까지 진출하였

제임스 백우스(1798~1866)
노예로 태어나 크로우 족의 존경받는 전사가 되었고,
그의 이름을 따라 명명된 새로운 길을 개척한 흑인의 영웅이다.

다. 그들의 발길이 닿는 곳마다 비버가 무수히 죽어 나갔고, 가죽이 벗겨져 모자가 되었다. 쫓아다니는 총구와 뿌려진 올무를 피할 줄 모르는 작은 동물이 남길 수 있었던 이야기는 오직 멸종으로 치닫는 비극뿐 다른 것은 없었다.

누구나 예상할 수 있는 일이겠지만 비버의 비극은 누군가에게 최고의 축복이었다. 그중 하나가 아메리칸 모피American Fur Company의 설립자 존 에스터John Jacob Astor다. 독일에서 태어난 그는 시장에서 백정 일을 하는 알코올중독자 아버지에게서 도망쳐 나온 가출 소년이었다. 새로운 삶을 찾아 영국으로 온 후 플루트 등의 악기 제조 기술을 배우게 되면서 악기 판매 사업에 대한 꿈을 품게 되고, 그 꿈을 실현시킬 적지로 미국을 택한다. 하지만 스물둘의 나이로 미국행 배에 오르게 되었을 때, 그는 전혀 예상치 못한 이야기를 듣는다. 신대륙에서 펼쳐지는 모피 사업이 악기 판매와는 비교할 수 없을 만큼 유망하다는 것이었다. '돈을 벌 수 있는 다른 길이 있다는데 굳이 악기 사업을 고집할 필요가 있을까?' 그 길로 그는 모피 사업에 뛰어들기로 결심한다.

원주민과의 작은 거래로부터 시작한 모피 중개는 그의 뛰어난 사업 수완을 바탕으로 빠르게 성장한다. 후에는 대부분의 산인들과 캐나다 일대에서 활동하던 러시아 사냥꾼들까지 포함하는 거대한 모피 수집 네트워크를 운용할 만큼 사업이 발전하였고, 이렇게 모인 모피를 유럽으로 판매하면서 그는 막대한 부를 안게 된다. 재산 규모에 대해 좀더 정확히 말하자면, 그가 평생 동안 벌어들인 돈이 1800년대 중반 당시

비버 모피로 가장 큰 축복을 받은 존 에스터
에스터 가문의 부를 상징하는 뉴욕의 워도프 에스토리아 호텔(1897년 완공)과
아메리카 원주민들을 회유하기 위해 만든 에스터 메달이다.

2000만 달러 정도라고 한다. 이 돈을 현재 가치로 환산하면 1100억 달러(132조 원)가 되는데 이는 미국 최고 부자인 빌 게이츠 재산의 두 배에 해당하는 엄청난 금액이다. 살아 있을 당시 미국 최고의 부자가 그였다는 것은 말할 필요도 없다. 백수십 년이 지난 현재까지 그의 후손들은 유럽과 미국 등지에서 귀족 혹은 갑부로서 최상위 계층의 삶을 영위하고 있다. 거의 멸종 직전까지 내몰렸던 비버의 피 값으로 말이다.

그렇다면 1500년대 중반부터 시작하여 1800년대 중반까지 약 300년간 대륙을 넘나들며 이어졌던 비버에 대한 무차별적 살육은 어떻게 멸종에 이르기 직전에 간신히 멈추게 된 걸까? 그에 대한 답은 정말 간단하다. 너무 간단한 나머지 기가 막힌 그 답은 바로 유행의 변화였다. 300여 년 간 이어져 온 비버 모자에 사람들이 싫증을 느낄 때쯤 실크로 만든 모자가 새로운 유행으로 대두되어 거리를 뒤덮게 된 것이다. 그러면서 비버 모자는 옷장 속에 처박히는 신세가 되었고, 비버 털에 대한 수요는 급감하였다. 한 동물을 쫓아다닌 끈질긴 살육의 역사가 막을 내리는 장면이었다.

남겨진 이야기
×××××××

'아메리칸 드림'이라는 말을 최초로 사용했던 저명한 역사학자 제임스 트러슬로 애덤스James Truslow Adams는 말했다. "초창기 미국을 지탱했던 힘의 원천은 성경과 비버이다." 그만큼 미국 경제의 초석을 놓는 데 비버의 역할은 지대했다. 그렇다면 비버 털에 대한 수요가 사라진 후엔 어떻게 되었을까? 사냥꾼들이 하릴없이 실업자로 내몰렸을까? 다행히, 혹은 불행히 돈이 되는 다른 모피가 있었다. 두 번째 비극을 써 내려간 주인공은 아메리칸 바이슨이었다. 아메리카 대륙에는 약 3000만에서 7000만 마리의 야생 바이슨이 살고 있었을 것이라 추정되는데, 유럽의 인구가 이주하고 나서부터 개체 수가 급격히 줄어들기 시작한다. 결국 1889년, 미국 전체를 통틀어 그 숫자는 285마리가 된다. 추위로부터 그들의 생명을 지켜주던 모피가 외려 죽음으로 인도한 쓸쓸한 이야기는 한 장의 카툰으로 남았다.

"쏘지 말게나, 친절한 친구여! 여기 내 코트를 가져가시게.
자네는 총알을 아끼고 나는 편히 눈감을 수 있도록 말일세."
《하퍼스 위클리》(1874년 6월 6일)에 실린 만평이다. 제목이 '마지막 버팔로'라고
되어 있는데, 당시는 아메리칸 바이슨을 버팔로라고 잘못 불렀다.

모자장이처럼
미치다

양털 한 움큼을 평평한 곳에 놓는다. 얇은 천을 살짝 덮는다. 이제 비 눗물을 조금만 뿌리면 모든 준비는 끝이다. 촉촉하게 젖은 양털에 천을 덮고 그 상태로 30분 정도 손바닥으로 문지른다. 그러면 덮어 두었던 천 아래로 질기면서도 폭신한 또 다른 한 조각의 천이 만들어지는데 그것이 바로 펠트Felt다.

펠트의 기원이라고 널리 알려진 이야기는 이렇다. 예수의 열두 제자중 하나인 베드로가 자신의 제자 하나를 선교 목적으로 프랑스로 파견했는데, 우연치 않게 이교도들에게 쫓기는 신세가 되었다고 한다. 죽기 살기로 도망치다 보니 발이 아파 왔고, 때마침 발견한 염소 털을 궁여지책으로 가죽 샌들에 깔고 달렸다. 한참 후에 보니 땀에 젖은 염소털이 서로 엉기고 달라붙어 어느새 발바닥 모양대로 굳어 버린 한 조각 천이 되었다는 것이다. 하지만 이 이야기는 전혀 신빙성이 없다. 몽골을 비롯한 다른 여러 유목민족들은 예수가 탄생하기 훨씬 이전부터 펠트를 제작해 사용하고 있었기 때문이다. 이는 아마 필요 이상으로 많은 것을 기독교 중심으로 해석하려 한 데서 온 하나의 오류라고 보아야 할 것이다.

기원을 알 수는 없지만, 펠트는 양의 것과 같은 부드러운 털과 물만 있으면 쉽게 만들 수 있었고, 쓰임새도 다양했기 때문에 여러 민족에게 반드시 필요한 직물이었다. 중세의 터키 역시도 펠트 제작이 활발한 나라 중 하나였는데, 그 지역에서 쉽게 구할 수 있는 낙타 털을 주로 사용했다고 한다. 하지만 이것이 후에 벌어질 엄청난 비극의 시발점이 되리라고는 그 누구도 생각하지 못했다. 비극의 실체는 이렇다. 1600년대 중반부터 사람들이 미쳐 가기 시작한 것이다. 아무런 이유도 없이.

낙타 털로 만드는 펠트가 사람들을 미치게 만들기까지의 이야기에는 기막힌 우연이 자리하고 있다. 그 첫 번째는 바로 십자군 전쟁이었다. 이슬람의 땅에 처음 들어서게 된 유럽의 기사들은 많은 문물을 보고 배우게 되는데, 펠트 제조 기술도 그중 하나였다. 유럽에 펠트가 없었던 것은 아니지만 낙타의 것과 같이 거친 털을 다루는 기술이 부족하던 차에 터키에서 그 비법을 알게 된 것이다. 낙타의 털을 낙타의 오줌에 담그는 비법이다.

오줌에 담그고 나면 털이 부드러워진다는 것을 전해들은 프랑스의 햇터Hatter들은 커다란 오줌통을 가져다 놓고 모든 일꾼들로 하여 오줌을 갈기게 하였다. 그러고는 그 당시 최고 인기였던 비버 털을 담가 놓고 충분히 부드러워질 때까지 기다려 모자를 만들었다. 그랬더니 과연 빼어난 상품이 나오는 것이 아닌가! 이 방법이 알려지면서 프랑스의 모든 모자 공장 한 가운데에는 오줌통이 자리 잡았고, 너나 할 것 없이 맨손으로 그 통속에 담긴 털을 담그고 치대고 빨았다. 암모니아가 썩어 가는 공장 안의 냄새는 과연 어땠을까? 상상만으로도 구역질이 나지만, 아직까지 사람들이 미쳐 가지는 않았다. 여기서 두 번째 우연이 등장한다.

모든 일꾼은 으레 오줌통에 오줌부터 갈기고 일을 시작하는데, 유독 어느 하나가 오줌을 잔뜩 싼 날에만 담가 놓은 털이 다른 날보다 금방 부드러워지는 현상이 나타나기 시작했다. 그 일꾼의 오줌이 어디서 어떻게 그런 효능을 갖게 되었는지 도무지 알 수 없던 차에 그가 매독 환자라는 것이 밝혀진다. 매독에 걸리면 오줌이 특별해지는 것일까? 답은 매독이라는 병 자체에 있었던 것이 아니라 의사들이 매독 환자에게 처방했던 약에 있었다. 그 약의 성분이 몸 안에 퍼져 '효과 좋은 특별한 오줌'을 만들어 낼 수 있게 도왔던 것이다. 그런데 그 약은 안타깝게도 수은이었다.

무시무시한 중독증을 일으키는 수은으로 병을 치료한다고? 오늘날의 상식으로는 있을 수 없는 일이지만 당시의 일천한 약학 수준을 감안하면 아주 터무니없는 일도 아니었다. 잘 알려져 있다시피 매독은 세균(트레포네마 팔리듐Treponema pallidum)에 의해 전염되는 성병이다. 역사적 확증이 이루어진 것은 아니지만 콜럼버스가 신대륙을 발견하고 돌아오는 길에 유럽에 전파된 것으로 보이며(지역과 인종에 관계없이 전 세계에 걸쳐 오래전부터 존재했다고 보는 학자들도 있다), 최초의 대규모 발병 이 프랑스 군인들 사이에서 관찰되었기 때문에 한동안은 프랑스 병 French disease이라고도 불렸다.

일단 감염이 되면 조그만 종양이 나타났다 사라지는 1기를 거쳐 온 몸에 발진이 일어나는 2기, 그리고 잠복기를 거쳐 3기로 이어지는데 제대로 치료를 하지 못하면 달걀만 한 고무종이 온몸에 퍼져 결국엔 죽게 되는 치명적인 병이었다. 살기 위해선 무엇이라도 시도해 보는 수밖에 없었을 것이다.

16세기의 비버 모자 제조 공정
노동자들이 케틀kettle이라 불리는 통 안에 넣은 비버 털을 치대고 있는 모습이다.

누가 최초로 매독 치료에 수은을 사용했는지는 알 수 없다. 하지만 실제로 효험이 있는 것처럼 보였다. 그럴 수밖에 없는 것이 앞에서 말한 것처럼 이 병은 3기로 나뉘어 있는데, 1기와 2기의 증상은 많은 경우 치료 없이도 사라진다. 누군가 수은을 처방했는데 그 이후로 눈에 보이는 증상이 사라지면 균이 잠복한 것은 알지 못한 채 수은의 효과로 병이 나았다고 믿는 것이다.

물론 수은이 가지고 있는 살균 효과를 무시할 수는 없다. 10여 년 전까지만 해도 수은을 원료로 한 머큐로크롬(멀브로민의 상표명), 소위 '빨간약'이라고 불렀던 것이 소독제로 광범위하게 사용된 것만 보더라도 수은의 항균 작용은 분명하다. 문제는 그 작용의 이점보다 부작용의 폐해가 훨씬 더 크다는 것이다. 빈대 잡겠다고 초가삼간 태우는 일을 현명한 방역법이라 볼 수는 없지 않은가!

수은을 사용하는 방법은 여러 가지였다. 가장 흔한 방법은 돼지나 양의 지방과 섞은 연고를 만들어 환부에 바르는 것이다. 때에 따라서는 알약처럼 먹기도 하였고, 주사기로 몸 안에 주입하는 방법도 사용되었다. 이보다 더 특이한 경우도 있었는데, 그것은 훈증fumigation 치료법이었다. 우선 밀폐된 나무 상자에 화로를 피워 150도가 될 때까지 덥히고 나서 수은을 뿌려 기화시킨다. 그러고는 머리만 내놓은 상태로 환자를 그 안에 가두어 두고 수은 찜질을 시키는 것이다. 약 열 번의 찜질 후엔 매독으로 인한 피부 발진이 사라지는 효과를 경험할 수 있는데, 기화된 수은을 들이 마시는 '수은 증기 흡입법Mercury inhalation'

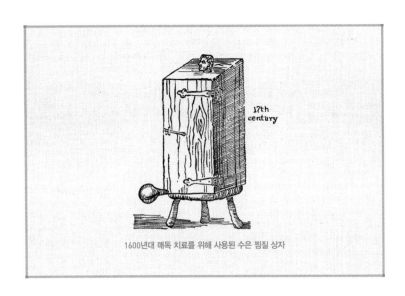

1600년대 매독 치료를 위해 사용된 수은 찜질 상자

을 병행하면 더 빠른 효과를 볼 수 있었다고 한다. 치료 과정에서 적지 않은 수의 환자가 죽었다는 것만 빼면 별다른 단점은 없었다고 전해진다. 어떻게 사용했건 간에 수은이 매독의 근본적인 치료법이 되지는 못했을 터인데도 환자들은 페니실린이 개발되어 그 병이 정복되기 전까지는 이 위험한 중금속에 의지할 수밖에 없었다.

효과 좋은 특별한 오줌의 주인이 수은 찜질 상자에서 몸을 지졌는지 아니면 수은 알약을 삼켰는지는 중요치 않다. 햇터들에게 중요한 것은 좋은 모자를 빨리 만드는 것이다. 그들은 앞 다투어 오줌통을 비우고 거기에 물을 채워 넣었다. 그리고 그 물에 질산과 혼합한 수은을 붓고 맨손으로 하루 종일 비버 털을 담그고 치대고 빨아댔다. 좁은 공간

안에 기화된 수은이 가득 찼고, 그 안의 모두는 입으로 코로 하루 종일 그걸 들이마셨다. 매독에 걸리지 않았는데도 수은을 먹어야 했던 것이다. 진짜 비극의 시작이었다.

이렇게 동물의 털을 수은용제에 담가 가공하는 과정을 캐로팅 Carroting이라 하는데 굳이 우리말로 한다면 '당근법'이라 할 수 있을 것이다. 그 용제의 색이 당근을 떠올리게 하는 밝은 노랑에서 주황의 사이에 있었기 때문이다. 이 캐로팅이 프랑스로부터 영국에 알려지게 되고, 또 미국으로 전파되면서 수많은 햇터들의 삶을 참담하게 망가뜨렸다. 물론 공장주나 판매점의 주인, 혹은 비버 모피를 공급하던 존 애스터 같이 모자를 통해 막대한 이익을 얻는 사람들도 어느 정도 영향을 받았을 수 있다. 하지만 캐로팅으로 인한 최대의 피해는 아무것도 모른 채 하루 종일 수은용제에 맨손을 담그고 일해야만 했던 노동자들의 몫이었다.

모자 공장에 다니던 활기찬 청년들이 어느 날부터인가 손을 바들바들 떨기 시작한다. 쉽게 술을 너무 많이 마신 탓이라고 생각한다. 좀 더 지나 피부에 물집이 잡혀 부풀어 오르고 머리카락과 손톱이 빠진다. 심한 피부병에 걸린 탓일 거라고 불안한 마음을 억누른다. 결국 치아가 검게 변해 빠져 버리고, 말을 더듬고, 어제 있었던 일조차 기억하지 못하게 되면 다행인지 불행인지 공장에서 해고당했고 원인도 모르는 극심한 통증 속에서 죽어 갔다. 수족을 제대로 가누지 못하고 알아듣지 못할 말을 중얼거리는 그들을 보며 1700년대의 영국 사회는 끔

찍한 유행어를 생산해 낸다. '모자장이만큼 미친Mad as a hatter.'

　누군가 이치에 닿지 않는 헛소리를 할라치면 이렇게 쏘아붙이는 것이다. "이 모자장이만큼 미친놈아!"

　수없이 많은 미친 모자장이를 만들어 낸 끔찍한 캐로팅은 1900년대 중반이 되어서야 끝이 났다.

남겨진 이야기
××××××××

"여섯 시군. 그럼 차를 마셔야지! 아니 또 여섯 시군. 차를 준비하자고.
이런… 또 여섯 시야! 차를 마셔야 할 시간이 다시 돌아왔군." 미친 모
자 장수의 시계는 여섯 시에 멈춰 있었고, 여섯 시는 차를 마셔야 하는
시간이니까 설거지할 시간도 없이 차 모임은 계속된다. 지루한 차 모임
에는 수수께끼 놀이가 제격이지.

"까마귀와 책상의 공통점이 뭐게?" 모자 장수가 낸 수수께끼에
한참 고민하던 꼬마 아가씨 앨리스는 포기한 듯 되묻는다.
"정답이 뭔데요?" 아무렇지도 않은 듯 모자장수가 대답한다.
"글쎄, 그야 나도 모르지"

찰스 도슨(필명 루이스 캐롤)의 동화《이상한 나라의 앨리스》가 출간
된 이후 많은 사람들이 이 수수께끼의 정답을 찾고 싶어 했다. '까마귀
와 책상 모두 뾰족한 다리를 가지고 있으니까' '까마귀는 깃털을 가지
고 있고 책상 역시도 그 위에 깃털펜을 가지고 있으니까' '둘 다 죽을
때까지 모로 누울 일이 없는 것 아닐까' 독자들은 모두 각자의 상상력
을 동원해 답을 찾으려 했으나 그 누구도 정답을 찾아내지는 못했다.
작가가 나서서 처음부터 답이 없는 수수께끼임을 설명했지만 답을 찾
으려는 시도는 멈추지 않았다. 그러면서 궁금증은 다른 곳으로 옮겨간
다. "수수께끼를 낸 모자 장수는 왜 미친 걸까?"

여기에는 두 가지 설명이 붙는다. 하나는 작가가 살던 당시 흔히 보이던 미친 햇터를 참고했다는 것이고, 다른 하나는 작가가 알고 지내던 가구점 주인의 발명품이 미친 사람이 만든 것처럼 독특했는데 그가 항상 모자를 쓰고 있었기 때문이라는 것이다. 그 미친 발명품은 다름 아닌 알람시계가 붙은 침대였다. 알람이 울림과 동시에 침대에 누워 있는 사람을 옆의 욕조에 풍덩 빠뜨리도록 설계된 일어나지 않을 방법이 없는 알람침대(경우에 따라서는 영원히 잠들지도). 전자든 후자든, 어디서 영감을 얻었든 간에 모자를 쓴 그들이 미쳐 보이는 것은 별반 다르지 않았다. 그런데 잠깐! 작가가 책을 쓴 1865년의 영국 사회라면, 모든 어른이 모자를 쓰고 있지 않았던가?

《이상한 나라의 앨리스》 원본 삽화
미친 모자 장수와 함께 차 모임을 갖고 있는 앨리스. 짜증이 난 모양이다.

{ 같은 옷을
입는다는 것 }

새 옷을 입고 학교에 간 베로니카. 옷이 잘 어울린다는 친구들의 칭찬에 한껏 들뜬 기분으로 교실로 향한다. 그런데 이게 웬 날벼락이란 말인가! 복도 끝에서 베티가 걸어온다. 호시탐탐 남자친구를 노리는 것만으로도 미워 죽겠는 베티가 자신과 똑같은 옷을 입고 나타난 것이다. 같은 옷을 입고 있는 서로를 향해 소리소리 지르는데 지나가던 선생님은 "너희 둘, 쌍둥이 같아 보이는구나"라며 불꽃 튀는 설전에 기름을 붓는다. 치어리딩을 위해 어쩔 수 없이 같은 옷을 또 입는 상황이 되자 그 두 소녀는 분노에 차서 서로를 노려본다.

이 만화는 1950년부터 시작하여 현재까지도 발간되고 있는 미국의 인기 만화 〈베티 앤 베로니카Betty and Veronica〉의 2008년 에피소드 중 한 장면이다. 이 만화에서 보듯이 같은 옷을 입은 사람을 마주치는 것은 장소를 불문하고 참으로 기분 상하는 일이다. 자신의 미적 감각에 대

"그만해! 거기 무슨 일이니?" "얘가 나랑 같은 옷을 입고 있잖아요."
"그게 무슨 대수니? 너희 둘 다 보기 좋구나! 하하, 실은 너희들 쌍둥이 같아 보이는구나!" "으악!"

한 자부심이 한 순간에 무너지고 사람들의 조롱거리가 된 듯한 초라함
을 느낄 수밖에 없다. 그 장소가 버스라면 내리게 되고 전철이라면 다
른 칸으로 도망치게 된다. 그런데 서로에게서 벗어날 수 없는 상황이
라면 어떨까? 디즈니의 가족영화 〈프릭키 프라이데이^{Fricky Friday}〉(2003)

에서 같은 옷을 입은 여학생을 학교에서 마주친 린제이 로한은 그 자리에서 티셔츠를 뒤집어 입는다. 실밥이 드러나는 우스꽝스러운 모습이 될지언정 남과 같은 옷을 입을 수 없는 것이 개성을 추구하는 인간의 본능인 것이다. 하지만 전체의 목적을 위해 자기 표현의 욕구를 제복 안에 감추는 경우도 있다.

전쟁의 목적은 승리다. 그리고 그 목적을 위해 만들어진 군인의 유니폼, 즉 군복은 극단적으로 단조롭다. 이는 효과적인 전쟁 수행을 위해 필수적이다. 위장색을 사용하여 주변 환경에 스며들 수 있도록 함으로써 쉽게 표적이 되는 것을 방지하고, 계급이나 부대의 구분도 단순화함으로써 전술의 기밀을 유지 할 수 있도록 고안된 것이 우리가 알고 있는 현대의 군복인 것이다. 하지만 1800년을 전후 한 유럽의 군복은 일부러 눈에 잘 띄도록 만들어져 있었다.

눈에 잘 띄는 색상의 군복이 등장한 것은 플레이트 아머^{Plate Armor}, 즉 판금갑옷이 퇴장하고 난 후의 일이다. 몸의 모양을 본뜬 금속판으로 온몸을 덮고 전투에 임하는 것이 중세시대의 왕이나 기사의 모습이었는데, 이는 당연히 적의 공격으로부터 신체를 보호하기 위함이었다. 판금갑옷은 칼이나 창과 같은 경병기의 근거리 공격과 활을 이용한 원거리 공격 따위는 어렵지 않게 막아 냈다. 그러자 그에 대응하여 갑옷을 뚫을 수 있는 장도끼^{Pollaxe or halberd} 혹은 뚫지는 못하지만 뇌진탕을 일으키는 큰 망치 등이 공격무기로 사용되었다. 그러자 이번엔 갑옷이 진화하여 무기로부터 충격을 받으면 찌그러짐과 동시에 충격을 흡수

1800년대 초반 프랑스 경기마병 장교의 화려한 전투복

할 수 있도록 평평하던 표면을 올록볼록하게 바꾼다. 하지만 결국 총이 등장하고야 만다.

1400년대 등장한 총은 명중률이 낮았고, 재장전 시간이 오래 걸렸으며, 비오는 날엔 아예 발사가 되지 않는 비효율적인 장비였지만 꾸준한 개량이 이루어지면서 결국엔 쉽게 갑옷을 뚫는 치명적인 무기로 발전하게 되었다. 총 앞에서 갑옷은 이제 더 이상 갑옷이 아니었다. 이때부터 중세시대의 상징이라 할 수 있는 판금갑옷은 자취를 감추게 되고, 직물로 된 군복을 입기 시작하는데 흐린 녹색(한국군)이나 침침한 모래색(미군) 군복에 익숙한 우리들의 눈에 너무 요란하다 싶을 만큼 톡톡 튀는 천연색으로 구성되어 있었다.

군인이 얼마나 다양한 색으로 치장하고 있었는지 살펴보도록 하자. 1700년대 후반 프랑스군 보병은 검은 모자, 붉은 재킷, 노란 라펠, 하얀 바지를 입고 있다. 1800년대 초반 프러시아 기마병은 검은 모자, 붉은 재킷, 파란 복대, 하얀 바지, 검은 부츠로 장식했고, 러시아 근위병은 은색 금속 모자, 연두색 상의, 하늘색 바지로 멋을 냈다. 1800년대 초반 네덜란드 군악대는 검은 모자 하얀 재킷, 녹색 라펠, 붉은 어깨끈, 하얀 바지를 입었고, 1800년대 독일 하노버 왕국 장교는 검은 모자, 파란 재킷, 하얀 라펠, 현란한 가로 줄무늬 바지를, 영국 해군은 검은 모자 파란 연미복, 파란 줄무늬 바지를 입었다.

팔레트를 펼쳐 놓은 듯 다양하고 선명한 색은 당시의 전장 상황을 고려한 결과였다. 그 시절의 대포와 총은 발사할 때마다 자욱한 연기를 뿜어냈고, 이는 후방에 머물러 있는 지휘관의 시야를 방해했다. 이럴 때 눈에 띄는 군복은 피아는 물론 개별 부대의 움직임을 파악하는 데 적잖은 도움이 되었다. 색은 각각의 부대를 구분하고 규정하는 데에도 활용되었다. 아군의 사기를 북돋워야 하는 군악대의 경우 밝고 경쾌한 색을 쓴다. 근위병의 경우는 나라 혹은 왕실을 상징하는 색을 쓰고 귀족에게 소속되어 있는 군대의 경우는 귀족이 선호하는 색을 사용하는 것이 일반적이었다. 지금의 상식과는 배치되지만 그 당시에는 화려한 색의 군복이 더 효율적이었던 것이다.

현재의 기준으로 보아 합당하지 않은 또 다른 하나는 모자였다. 군인들은 필요 이상으로 큰 모자를 썼는데, 이 또한 전략적 이점을 위한

윗줄 왼쪽부터 프랑스군 보병(1779), 프러시아 기마병(1806), 러시아 근위병(1762)
아랫줄 왼쪽부터 네덜란드 군악대(1810), 영국 해군(1803), 독일 하노버 왕국의 장교(1802)

포석이었다. 싸움에 있어서 덩치의 중요성은 따로 설명할 필요가 없다. 커다란 모자는 착용한 사람을 더 크게 보이게 하였고, 따라서 상대에게 위압감을 주었다. 기선제압에 효과적이었다는 얘기다. 그래서 그 결과물로 창설된 것이 유명한 포츠담 자이언츠^{Potsdam Giants} 연대다.

프러시아의 국왕이었던 프리드리히 빌헬름 1세는 큰 덩치에서 오는 시각적 위압감에 그 누구보다 큰 흥미를 가지고 있었다. 그의 키가 160센티미터 정도로 작았던 것에 이유가 있었는지는 모르지만, 키 큰 군인에 대한 그의 집착은 유별났다. 장신의 청년이 보이면 무슨 수를 써서라도 데려와 군인으로 만들었던 것이다. 부모에게 돈을 주어 구슬리는 신사적인 방법을 주로 사용했지만 끝까지 징집을 거부하는 경우에는 납치도 서슴지 않았다. 이렇게 모집한 청년 중 188센티미터가 넘는 (1700~1800년대의 유럽 성인 남성의 평균키는 대략 165센티미터이다) 거한들을 특별히 추려 연대 병력을 완성하였으니 이것이 포츠담 자이언츠다.

이 연대의 병사들은 이미 충분히 키가 큼에도 불구하고 수시로 키 크는 고문(틀에 묶어 놓고 위아래로 잡아당기기)을 받았고, 키 큰 자식을 낳아 대대로 충성하길 바라는 왕의 명령에 따라 키 큰 여자와 강제로 결혼을 해야 했다. 때문에 탈영을 하거나 자살을 하는 경우도 많았다. 그럼에도 불구하고 3200여 명에 달하는 병력 규모는 꾸준히 유지되었는데 이는 왕의 총애를 받고자 하는 지방 관료들이 수시로 거한들을 모집하거나 납치해 상납했기 때문이었다. 억지로 머릿수를 채우고 있는 병사들의 고통은 외면한 채 왕은 길쭉한 모자를 쓴 그래서 2미터가 훨

포츠담 자이언츠 연대 소속의 병사 제임스 커크랜드
그의 키는 2미터 17센티미터 정도였는데, 화려한 칼라의 군복에 위로 길쭉한 근위병 모자를 쓰고 있다.

썬 넘어 보이는 병사들을 타국에 과시함으로 프러시아 군사력의 위엄을 드높이고자 했다.

군복에 화려한 색을 사용하는 것이나 군인에게 커다란 모자를 쓰도록 하는 것 모두 전쟁에서의 승리라는 궁극적 목적에 의해 정당화될 수 있었다. 비단 전쟁이라는 특수 상황이 아니더라도 전체의 목적을 위해 개개인이 동일하게 입는 것은 평상시에도 흔히 볼 수 있는 일이다. 그리고 대부분의 유니폼은 군복과 마찬가지로 분명한 당위성을 지니고 있다.

운동 경기에서는 상대편과 내 편의 구분을 용이하게 하기 위해서 혹은 팀워크의 증진을 위해 유니폼을 입는다. 유니폼이 없다면 축구 선수는 패스할 곳을 찾기 어려울 것이고, 럭비 선수는 누구에게 태클을 해야 할지 헷갈릴 것이다. 조정의 경우 상대편과 내편이 섞일 일은 없지만 개인보다는 팀의 호흡으로 결승점을 향할 수 있도록 유니폼으로 하나됨을 강조한다.

경찰은 제복을 입는다. 제복을 입는 후에야 공권력을 부여받고 임무를 수행할 수 있다. 또한 쫓는 자와 쫓기는 자의 구분도 명확해진다. 소방관은 소방복을 입는다. 방염처리가 된 소방복은 소방관을 보호할 뿐 아니라 위험에 처한 사람이 쉽게 도움을 요청할 수 있도록 한다. 의사는 가운을 입는다. 전문성을 나타내는 동시에 환자가 쉽게 찾을 수 있도록 한다. 비행기 승무원도 유니폼을 입는다. 비상상황에서 누구의 지시를 받아야 하는가를 쉽게 알 수 있다. 학생은 교복을 입는다. 그런데, 왜?

학생의 유니폼인 교복, 왜 입는 것인지, 무엇을 위해 입는 것인지, 표현의 자유를 억압해야만 하는 당위성은 어디에 있는 것인지에 대한 논의는 세계적으로 활발하게 이루어지고 있다. 찬성하는 쪽의 핵심 주장은 교복을 입음으로써 세 가지 긍정적 효과를 얻을 수 있다고 한다. 첫째, 학생들이 바르게 행동하게 되어 학생간 혹은 교사와의 관계에서 언어적·물리적 폭력이 감소된다. 둘째, 학생의 본분에 충실하게 됨으로 학업 성적이 향상된다. 셋째, 의류 소비가 제한되므로 경제·사회적 비용이 줄어들게 된다. 그 외 너무나 주관적이며 지엽적인, 예를 들면 '학생은 교복을 입을 때 제일 예쁘다'와 같은 논거도 상당수 접할 수 있지만 개인 취향의 문제이므로 깊게 논의하기엔 적절치 않다.

반대하는 쪽의 핵심 주장은 위에 열거한 찬성 측의 주장이 전부 사실이 아니며 만약 일정 부분 사실이라 하더라도 학생들에게서 표현의 자유를 박탈해야 할 만큼 중대하지 않다는 것이다. 과연 어느 쪽의 주장이 더 설득력이 있을까?

{ 교복에 갇힌 }
아이들

우리가 알고 있는 현대적 의미의 교복은 영국에서 시작되었고, 이는 많은 사람들이 바로 알고 있는 바이다. 하지만 유서 깊은 사립학교에서 교복이 시작되었을 것이라는 통념은 사실과 배치된다. 귀족들이 개인교사를 초빙하여 자녀를 교육했던 반면 하층민은 그 어떤 교육도 받지 못하였고 이는 심각한 교육의 불평등을 초래하였다. 1500년대 중반 영국 왕실은 이런 상황을 개선하기 위해 서민을 위한 무상 교육 기관을 설립하였고, 이곳에서 학생들에게 무료로 혹은 최소한의 가격으로 제공했던 것이 교복의 시초인 것이다. 이런 이유로 한동안 교복은 스스로 옷을 선택하거나 구매하지 못하는 하층민 자녀의 상징이었다.

고급 사립학교에서 교복을 입힌 것은 그 후의 일이며, 우리가 흔히 떠올리는 교복의 귀족적인 이미지는 이때부터 생겨나기 시작한 것이다. 그 기원이 어찌되었건 교복의 착용은 공교육의 확산과 함께 영국

영국 해로 스쿨의 학생들
이튼 칼리지와 함께 영국을 대표하는 명문 사립 중고등학교로,
교복 착용이 학칙이며 납작한 밀짚모자를 쓰는 것으로 유명하다.

전역으로 퍼져 나갔고, 영국의 교육을 모방한 여러 나라로 전파되어
갔다. 많은 곳에서 많은 학생들이 교복의 당위성에 의심을 품었고 저
항했지만, 보수적인 교육계에선 전통이라는 이름으로 교복을 강제하
여 왔다.

　일부 사립학교를 제외하고 학생들의 복장에 관여하지 않았던 미국
에서 교복에 대한 논의가 활발해지기 시작한 건 1996년 재선을 준비
하던 빌 클린턴이 교복의 필요성을 역설하면서부터이다. 대선의 중요
의제였던 교육 문제, 그중에서도 학원 폭력과 옷 입는 일에 관하여 그
는 이렇게 말한다.

"유명 디자이너의 옷 때문에 청소년들이 서로 죽이는 일이

중단될 수만 있다면, 우리의 공립학교는 학생들에게

교복 착용을 요구할 수 있어야 할 것입니다."[*]

   좁은 의미로 값비싼 옷 때문에 벌어지는 강도 사건에 대응하기 위해, 넓은 의미로는 전반적인 청소년의 폭력 행위를 줄이기 위해 교복이 필요하다는 의견을 피력한 현 대통령이자 차기 대통령 후보의 연설은 곧바로 사회 전반에 걸친 논의를 촉발시켰고, 이는 교복의 효용성에 관한 과학적 연구로 이어졌다. 이제 이 연구들을 살펴보자. 그러면 앞서 제기한 문제의 답을 구할 수 있을지 모른다.

   첫째, 교복을 입으면 학생이 바르게 행동하고 폭력 사건도 줄어드는가? 미주리 대학교의 사회학 교수 데이비드 브런즈마David Brunsma와 그의 동료는 미국 전역에서 얻은 고등학교 1학년 학생의 데이터를 분석하여 교복을 입은 학생과 그렇지 않은 학생의 행동에 차이가 있는지를 살펴보았다. 그 두 집단은 결석률에서 차이를 보이지 않았다. 폭력 사건에 연루된 학생의 비율도 차이를 보이지 않았다. 마약 사건이 발생하는 비율에 있어서도 교복을 입은 학생과 그렇지 않은 학생 간에 차이는 없었다.

---

[*] 원문은 다음과 같다.
"And if it means that teenagers will stop killing each other over designer jackets, then our public schools should be able to require their students to wear school uniforms."

둘째, 교복을 입으면 학업에 열중하고 성적도 오르는가? 메리 머피 Mary Murphy의 워싱턴 대학교 박사학위 논문은 새로이 교복 규정을 신설한 초등학교 학생들을 상대로 교복을 입지 않았을 때와 입게 되었을 때의 성적 차이를 살펴보았다. 흥미롭게도 교복을 입지 않던 학생들이 교복을 입게 되었을 때 성적이 향상되었다는 통계 결과가 나왔다. 정말로 교복이 성적의 변화를 이끌어낸 주원인이었는지를 확인하기 위해 메리 머피는 학생들과 심층 면담을 진행했고, 변화된 커리큘럼도 면밀히 분석했다. 그러고 나서 성적 향상은 교복 착용과 관련이 없으며 오히려 커리큘럼의 변화가 아이들의 성적을 끌어올린 주원인이었다고 결론을 내린다. 앞서 언급한 데이비드 브런즈마의 연구도 교복과 성적의 관계를 살펴보았는데 전혀 관련이 없음을 통계적으로 증명해 보였다.

셋째, 교복이 더 경제적인가? 이 문제를 연구한 논문은 없다. 만일 있다고 하더라도 일말의 신빙성도 확보하기 어려울 것이다. 쉽게 예를 들어 보자. A 학생은 캐주얼을 입고 등교한다. 티셔츠와 바지를 합한 가격은 10만 원. 요일별로 다른 옷을 입는다고 하면 50만 원의 비용이 소요된다. B 학생은 45만 원짜리 교복을 입고 등교하는데 당연히 매일 같은 옷을 입으므로 총 비용은 여전히 45만 원이다. 교복이 더 경제적인가? 해가 바뀌면서 교복 회사는 인기 있는 아이돌 그룹을 기용하여 대대적인 광고를 하였고, 그 결과 교복의 가격이 10만 원 올랐다. 그러면 이제 캐주얼이 더 경제적인가?

사실 교복만 입고 등교하는 학생은 없다. 얼마나 비싼 신발을 신는지 또 어떤 브랜드의 가방을 메는지에 따라 학교에 가기 위한 총 복장 비용은 천차만별이다. 또한 추운 겨울이면 캐주얼이건 교복이건 간에 따뜻한 겉옷이 필요하다. 아버지의 낡은 코트를 물려 입을 수도 있고, 기백만 원짜리 수입 패딩을 입을 수도 있다. 뽐내고 싶어서 혹은 또래 집단으로부터 소외당하지 않으려 쓰는 돈이 교복 가격의 몇 배에 해당하는 상황에서 단순 가격 비교를 통해 경제성을 가늠하는 것이 무슨 소용이란 말인가.

이제껏 살펴본 바와 같이 교복이 어떤 특별한 효과를 가지고 있다는 과학적 증거를 찾아보긴 어렵다. 그렇다면 교복이 학생을 학생답게 한다는 의견은 어디에서 기인하는 것일까? 보울링 그린 주립대학교에서 소비자 과학을 연구하던 도로시 베일링Dorothy Behling 교수는 1994년 흥미로운 실험을 진행한다. 그녀는 10대 후반의 모델을 고용해 두 장의 사진을 찍는데* 한 장은 교복을 입히고 다른 한 장은 평범한 캐주얼을 착용하게 하여 촬영하였다. 고등학교 학생들과 선생님들에게 사진을 보여 주고 어느 쪽이 공부를 더 잘할 것 같은지 물어보았더니 대부분이 교복을 입은 쪽일 것이라고 예상했다. 옷은 다르게 입었지만 같은 사람이다. 성적에 차이가 있을 리 없다. 이 실험이 시사하는 바는 교복

---

*
실제 실험에선 네 종류의 사진을 찍었다. 매우 격식을 갖춘 교복, 조금 편안한 교복, 평범한 캐주얼 차림, 그리고 매우 편안한 캐주얼 차림이다. 이해를 돕기 위해 본문에선 교복과 캐주얼로만 구분하여 설명하였다. 하지만 어떤 것이든 결과는 같다.

이 성적을 높여 줄 수는 없지만 성적이 높은 것처럼 보이게 할 수는 있다는 것이다.

교복은 왜 필요한가? 단지 학생들을 학생답게 보이도록 하는 후광 효과를 빌어 공교육 문제를 고민해야 하는 위치에 있는 사람들을 안심시키기 위해서인가? 우리 아이들은 폭력을 멀리하고 공부만 열심히 하며 경제적으로도 슬기롭게 자라고 있다고 다 함께 착각하기 위해서인가? 그것도 아니라면 혹시 일률적으로 입히는 편이 더 관리하기 쉽다고 생각하기 때문인가? 유니폼을 의무적으로 입어야 하는 가장 대표적인 집단 중 하나는 죄수들이다.

장점이 전혀 없는 무소용이라고 교복을 폄훼할 수는 없다. 경우에

High School Uni-form(서도호)
학생들의 교복은 단정히 서 있는데 얼굴이 없다.

따라서는 교복을 입었을 때 학생들은 소속감을 느끼고 심리적 안정을 느낀다고 한다. 애교심이 고취되기도 하고 출신 학교에 대한 자부심으로 이어진다는 말도 있다. 하지만 그것만으로 아이들이기에 더 권장해 주어야 할 표현의 자유를 오히려 박탈해도 되는 것인지는 실로 치열하게 고민해 보아야 할 문제이고 끊임없이 질문해야 할 주제이다. 질문하지 않는 사회만큼 절망적인 것은 없다.

남겨진 이야기
××××××××

캘리포니아 롱비치 교육 당국은 1994년 미국 내에서는 최초로 교복 착용을 의무화하였고, 몇 해 후 다음과 같은 결과를 발표함으로써 많은 교복 찬성론자들이 자주 인용하는 사례가 되었다.

범죄율 91% 감소

정학자 비율 90% 감소

성범죄 96% 감소

기물파손 69% 감소

그러면서 순찰과 처벌을 획기적으로 강화한 사실은 슬쩍 빼놓았다. 의도했든 아니든 원인과 결과를 잘못 짝 지은 것이다.
수은 처방이라는 원인과 매독 치료라는 결과를 짝 지었던 오래전 사람들의 무지를 과연 우리가 비웃을 수 있을까?

제2부

시작을
알리다

{ 여왕의
웨딩드레스 }

당신은 아마 많은 결혼식에 참석한 경험이 있을 것이다. 그 결혼식의 주인공은 신부이다. 신부가 얼마나 아름다운가는 시대와 장소를 막론하고 하객들에게 최고의 관심사다. 다소곳이 서 있는 신부는 순결과 경건의 상징이다. 아름다움의 극치이다. 남자에게는 언젠가 한 번은 손에 닿을 수 있는 환상이고, 여자에게는 단 한 번일 뿐이지만 오랫동안 꿈꾸고 간직하는 최고의 순간이다. 그 순간을 위해 꼭 필요한 한 가지는 웨딩드레스인데, 만일 당신이 신부라면 혹은 그 신부를 맞이하는 신랑이라면 어떤 색의 드레스를 선택할 것인가? 우문이라고 생각하는 사람이 많을 것이다. 웨딩드레스는 당연히 하얀색이 아닌가!

1900년대 이전의 웨딩드레스는 색의 선택에 있어서 지금처럼 획일적이지 않았다. 파란색, 분홍색, 노란색, 회색, 금색, 은색, 심지어 검은색까지, 서양 역사에서 보이는 웨딩드레스의 색은 다양했다. 그렇다면 과연 어떤 계기로 하얀색 웨딩드레스가 세상을 뒤덮게 된 것일까? 그 계기를 만들어낸 장본인은 바로 해가 지지 않는 나라 영국의 전성기를 이끌었던 빅토리아 여왕(1819~1901)이었다.

어린 시절의 빅토리아는 사실 왕위 승계 순위에서 멀리 떨어져 있었다. 왕이었던 그녀의 할아버지 조지 3세에게는 네 명의 아들이 있었고, 그중 막내가 그녀의 아버지였다. 다시 말하면 아버지와 아버지의 나이 많은 형제들이 먼저 왕위를 물려받을 것이었다. 또한 그다음 차례가 돌아온다 하더라도 그녀의 사촌들에게 우선권이 있었으므로 그녀는 많은 후보 중 한 명일뿐 특별할 건 없었다. 하지만 그녀가 한 살일 때 할아버지 조지 3세와 그녀의 아버지 에드워드 왕자가 죽는 것을 시작으로 그녀가 자라는 동안 둘째 큰아버지(프레더릭 왕자)와 첫째 큰아버지(조지 4세)가 차례로 세상을 떠나면서 그녀는 왕위에 점차 가까워진다. 공교롭게도 그녀는 외동이었고, 그녀의 사촌들이었던 왕가의 딸들도 모두 예기치 않게 사망하면서 어느 순간 그녀는 왕위 승계 서열 1위가 된다. 셋째 큰아버지인 윌리엄 4세가 사망한 당일 그녀는 왕, 아니 여왕이 되는데 이때 그녀의 나이 18세였다.

열여덟 밖에 안 된 여왕이 나라를 통치하게 되자 영국 사회는 술렁이기 시작했다. 표면적으로는 '정치 경험이 전무한 그녀가 이 큰 제국을 제대로 통치할 수 있을까?' 하는 의구심이 가장 큰 이유였다고 볼 수 있지만, 사실 더 중대한 관심사가 있었으니 그건 바로 '누가 여왕과 결혼할 것인가?'였다. 그녀의 남편이 된다는 것은 단순한 결혼을 넘어 당시 세계 최고의 강대국이었던 영국의 통치자와 결합한다는 것을 의미한다. 그러므로 영국 여왕을 자기 편으로 끌어들이고 싶어 했던 많은 유럽의 왕실이 그녀의 신랑감 선택에 촉각을 곤두세우는 건 당연했다. 셋째 큰 아버지 윌리엄 4세는 살아 생전 그녀가 네덜란드의 알렉산데르 왕자와 결혼하기를 바랐다. 하지만 그는 그녀가 별로 마음에 들어 하지 않던 많은 왕자들 중 하나였을 뿐이다. 그녀의 외삼촌이었던 벨기에의 왕 레오파드가 독일 삭스-코버그 공국의 알베르트 왕자를 만나도록 주선해 주었을 때 그녀는 비로소 사랑에 빠지게 된다. 열여덟이었던 그녀가 그를 얼마나 좋아했는지는 그들의 첫 만남이 있고난 후 그녀가 적은 일기를 통해 짐작할 수 있다.

"눈부시게 아름다운 알베르트.
나와 닮은 머리칼의 빛깔, 크고 파란 두 눈. 그는 아름다운 코와
정갈한 치아를 덮은 너무나 달콤한 입술을 가졌다.
하지만 그가 가진 최고의 매력은 기쁨을 머금은 그의 표정"

1839년 10월 15일, 주체할 수 없는 사랑에 이끌려 그녀는 겨우 두 번째 만남에서 알베르트 왕자에게 청혼을 하고, 그들은 이듬해 2월 결혼한다. 일기를 적는 것은 그녀의 일상. 결혼식 당일 저녁에 적은 일기는 기쁨과 환희로 가득했다. 연이은 행사와 파티가 며칠 동안 계속된 뒤였던지라 정작 아무것도 먹지 못하고 심한 두통까지 찾아 왔으나 달

뜬 사랑의 감정은 식을 줄 몰랐다.

"아프건 말건, 나에게 이런 저녁은 단 한 번도 없었어.
너무나 소중한, 너무나 소중한, 나의 곁 조그만 의자에 앉아 있던
소중한 나의 알베르트. 그의 넘치는 사랑과 애정이 감히
느껴 볼 수 있으리라 상상치도 못했던 천국의 사랑과 행복을
나에게 선사한다. 그는 나를 힘껏 안았고 우리는 키스를 하고
또 키스를 했다. 그의 아름다움, 달콤함, 부드러움……
그를 남편으로 맞은 나, 어떻게 더 이상 감사할 수 있단 말인가!"

알베르트 왕자
결혼 2년 후의 모습이다.

결혼 전 빅토리아가 스케치한 면사포와 화환, 웨딩드레스를 입은 빅토리아,
빅토리아의 웨딩 슈즈

이렇게 사랑하는 남편과의 결혼이었기에 그녀는 최고의 신부가 되고 싶었다. 그러기 위해 아름다운 드레스는 더없이 중요했다. 그림에 소질이 풍부했던 그녀는 자신이 입을 웨딩드레스를 스스로 디자인해 보며 행복해했다. 그리고 그녀가 선택한 색은 하얀색. 앞에서도 말했듯이 당시에는 웨딩드레스의 색이 특별히 정해지지 않았다. 단지 신부를 가장 잘 돋보이게 할 수 있는 색이면 충분했는데, 그녀는 하얀색을 택한 것이다.

왜 굳이 하얀색이었는지 구체적으로 알려지지는 않았지만, 그녀는 자신의 결혼식을 그야말로 새하얗게 꾸몄다. 그녀의 웨딩드레스는 물론 신부 들러리로 각국에서 초청된 12명의 공주들에게도 하얀색 드레스를 입혔다. 머리에 쓰는 화환도 하얀색으로 만들었고, 거기에 달린 레이스도 하얀색이었으며, '여왕 폐하를 위해'라고 새겨진 슈즈도 하얀색이었다. 순백의 신부는 이렇게 탄생한다. 오직 단 하나 하얀색이 아니었던 것은 그녀의 가슴을 장식했던 파란 브로치. 왜냐하면 알베르트에게서 받은 결혼 선물이었기 때문이다.

영국 왕실에서 열린 세기의 결혼식은 그림과 사진으로 인쇄되어 신문을 타고 세계 곳곳으로 전달되었고, 수많은 여성들은 이 순간부터 순백의 신부를 꿈꾸게 된다. 오랜 역사를 통해 왕실이 유행의 근원지 역할을 한 것은 사실이었지만, 빅토리아 여왕의 결혼식만큼 빠르고 광범위하게 전 세계 대중에게 영향을 끼친 경우는 그 이전까지 없었다. 세계 최강대국에서 펼쳐진 가장 화려한 결혼식이라는 상징성과 미디

빅토리아 여왕의 결혼식

어의 발전이 맞물려 일어난 결과였다. 이제 여성들은 순백의 웨딩드레스가 얼마나 아름다운지를 알게 되었다. 그렇다면 그 즉시 모든 여성이 하얀색 웨딩드레스를 입기 시작했을까?

지금도 마찬가지이기는 하지만 당시의 왕족과 일반인의 경제적 차이는 상당했기 때문에 원한다고 하여 아무나 하얀색 드레스를 입을 수는 없었다. 하얀색이 뭐 그리 별날 것 있겠는가 싶지만 당시에는 진한 색의 천보다 하얀색 천이 훨씬 귀했다. 진한 염색을 위한 기술보다 하얗게 표백하는 기술이 더 어려웠기 때문이다. 게다가 보관과 관리뿐 아니라 활용도에 있어서도 하얀색 드레스는 애물단지가 될 수밖에 없었다. 서민들에게 웨딩드레스는 결혼은 물론 그 이후에도 중요한 행사에 계속 입어야 하는 평생의 예복이었기에 때가 쉽게 타고 쉽게 변색되는 하얀색을 선택하기는 어려웠던 것이다. 빅토리아 여왕의 결혼식을 준비하기 위해 200명의 인원이 동원되어 아홉 달 동안 일했다고 한다. 여왕의 옷만을 관리하는 전담 귀족이 따로 있었고, 그 휘하에 세탁과 수선 그리고 보관을 맡은 수많은 시녀가 있었다. 이럴 경우 무슨 색이 되었건 자신이 원하는 색을 선택하는 것은 말 그대로 선택의 문제이지 고민할 그 무엇이 아니다. 하지만 상황이 전혀 다른 서민들에게 하얀색 웨딩드레스는 아름답지만 차마 손댈 수 없는 꿈이었다.

많은 기술 발전이 이루어진 1900년대에 들어서자 하얀색 천이 다른 색과 마찬가지로 풍부하게 공급되기 시작하였다. 빅토리아 여왕의 아름다운 순백 웨딩드레스를 기억하는 많은 여자들이 비로소 하얀 웨딩드레스를 입기 시작했고, 1920년대 최고의 디자이너였던 코코샤넬이 선보인 무릎 길이의 하얀 웨딩드레스가 선풍적인 인기를 끌면서 어느 샌가 웨딩드레스는 하얀색이라는 공식이 완성된다. 그 공식은 세월의 흐름과 함께 더욱 공고해져 이제는 하얀색이 아닌 웨딩드레스를 상상할 수 없는 지경에까지 이르게 되었다.

하얀색 웨딩드레스를 두고 순결함과 처녀성의 상징이라는 말들을 하는데, 여기에 어떤 구체적인 근거는 없다. 이미 세상을 뒤덮은 하얀 웨딩드레스 유행의 한 가운데서 사람들이 적절히 찾아낸 미사여구라 보는 것이 타당할 것이다. 색의 상징성은 지역과 시대 그리고 문화에 따라 완전히 다르다. 예를 들어 노란색이 중세 스페인으로 가면 애도의 상징이 되지만 영국으로 갔을 때는 환희의 상징이 된다. 마찬가지로 어떤 색의 웨딩드레스가 어떤 의미를 가지고 있는지는 말하기 어렵다. 단 하나의 실마리는 영어 문화권에서 널리 알려진 오래된 시에서 찾을 수 있다.

하얀 웨딩드레스는 언제나 바르고,
회색 웨딩드레스는 아주 멀리 떠난다네.
검은 웨딩드레스는 너 자신을 찾기 바라고,
붉은 웨딩드레스는 죽기를 바라네.
파란 웨딩드레스는 언제나 진실 되고,
진주빛 웨딩드레스는 회오리바람 속에 산다네.
녹색 웨딩드레스는 부끄럽고,
노란 웨딩드레스는 망신을 산다네.
갈색 웨딩드레스는 시골에서 살 것이고,
분홍 웨딩드레스는 영혼을 침몰시킨다네.

모두가 하얀색 웨딩드레스를 입는 시대를 살고 있기 때문에 과연 이 시가 얼마나 신빙성이 있는지는 판단할 수 없다. 물론 신빙성이 있다고 누군가 주장한다고 해도 그걸 믿는다는 것은 미신에 휘둘리는 것과 다름없는 상식 밖의 일일 것이다. 유명한 역사적 일화 하나만 소개하자면 다음과 같다.

외교관의 딸로서 부유하게 자란 앤 벌린은 호색가로 유명했던 영국 왕 헨리 8세와 결혼하는데, 그때 아름다운 노란색 웨딩드레스를 입고 있었다고 전해진다. 그리고 그녀는 왕비의 자리에 오른 후 고작 3년 만에 반역죄로 목이 잘려 죽는다. 그녀의 나이 28세였다.

남겨진 이야기
×××××××

순백의 결혼식에서 하얀색이 아니었던 단 하나의 물건, 알베르트가 빅토리아에게 준 파란 브로치는 가로 4.1센티미터, 세로 3.7센티미터이고, 커다란 사파이어를 열두 개의 다이아몬드가 타원형으로 감싸고 있다. 만일 당신이 영국 여왕 엘리자베스 2세를 만나게 된다면 백수십 년 전에 만들어진 이 화려한 브로치를 볼 수 있을지도 모르겠다. 당연한 이야기인지는 모르겠지만 전대 여왕의 보석을 착용할 수 있는 건 그녀의 왕좌를 계승받은 현재의 여왕이니까.

빅토리아 여왕이 알베르트 왕자에게 결혼 선물로 받은
브로치와 그 브로치를 착용하고 있는 엘리자베스 2세 여왕

지퍼,
천덕꾸러기에서 황금알로

'장애물 경기'는 영어로 스티플체이스 레이스 Steeplechase race이다. 멀리에서도 쉽게 눈에 띄는 스티플 steeple, 즉 교회의 첨탑만을 보고 전력으로 뛰는 것인데 담벼락이나 개울과 같은 장애물을 코스 중간에 놓아둠으로써 흥미를 배가시킨다. 수시로 예상치 못한 장애물과 맞닥뜨리게 되는 이 경주는 우리가 옷을 입을 때마다 사용하는 간단하지만 사연 많은 기계장치, 지퍼 Zipper의 역사와 많이 닮아 있다.

지퍼는 1891년 미국에서 발명되었는데 그 출발부터 고난의 연속이었다. 지퍼를 발명한 기술자 윗콤 저슨 Whitcomb Judson은 그의 발명품이 부와 명예를 가져다줄 것이라 확신하고 의욕적으로 회사를 창업한다. 당시에는 지퍼라는 이름이 존재하지 않았고 유사한 장치를 통상 페스트너(여밈기)라 불렀으므로 회사를 '유니버셜 패스트너 컴퍼니 Universal Fastener Company'로 명명하였다. 그는 곧바로 이리저리 동업자를 구해 판매를 시작하는데, 시장의 반응은 너무나 냉담했다. 모두가 지퍼, 아니 패스트너가 왜 필요한지를 몰랐던 것이다. 바지의 앞섶이나 치마의 뒷트임을 여미는 일에 사용하라고 만든 기계를 보여 주면 사람들은 고개를 갸우뚱하기 일쑤였다. 단추가 있는데 패스트너가 굳이 왜 필요하단 말인가?

운 좋게 한두 개 쯤 판매한다고 해도 문제는 여전했다. 생소한 이 기계를 옷에 부착하는 일은 단추를 다는 일보다 훨씬 더 복잡한 과정을 거쳐야 했기 때문이다. 쓸 줄 모르는데 사는 사람이 있을 턱이 없다. 이 문제를 해결하기 위해 방문 판매법이 동원되었다. 언변 좋은 판매원이 집집마다 방문하여 패스트너가 단추에 비해 편하고 튼튼하며 현

지퍼의 아버지 발명가 윗콤 저슨(1844-1909)
압축공기로 움직이는 레일차를 개발하였으나 성능이 월등한 전기로 움직이는 레일차,
즉 전차의 등장으로 쓰디쓴 실패를 맛보고 지퍼를 개발하는 데 열중하게 된다.

대적이라는 것을 홍보하고, 사겠다는 사람이 나서면 그 자리에서 부착하는 방법까지 교육하도록 한 것이다. 그랬더니 역시 매출이 늘기 시작했다. 타고난 달변이었던 수석 판매원 윌슨 웨어Wilson Wear의 경우 한 달에 수천 개씩 팔기도 했다.

현혹에 능한 방문 판매원을 고용함으로써 첫 번째 장애물을 통과하고 나자 두 번째 장애물이 기다리고 있었다. 한 번 패스트너를 사용해 본 고객은 절대로, 다시는 구매하지 않았던 것이다. 초창기 패스트너는 거추장스럽게 무겁고 뻣뻣했으며 품질도 조악하여 금세 고장 나거나 아예 망가져 버렸다. 그리고 결정적으로 세탁이 불가능했다. 쇠로 만들었기 때문에 물에 닿는 대로 녹이 슬었고, 이를 방지하기 위해서는 세탁할 때마다 떼었다 붙였다를 반복해야 했다. 이런 불편함을 알면서도 그 누가 또 구매하겠는가? 청산유수와 같은 언변에 넘어가 몇십 개의 패스트너를 구매했던 한 잡화점 주인이 식칼을 들고 '너 죽고 나 죽자'며 윌슨 웨어에게 달려든 일도 있었다. 그 정도로 소비자들의 불만은 심각했다.

이 문제를 해결할 방법은 오직 품질이 좋고 녹슬지 않는 패스트너를 개발하는 것뿐이었는데, 그러기 위해서는 재능 있는 기술자가 절실했다. 이 임무를 맡게 된 노년의 기술 담당 피터 애런슨Peter Aronson은 백방으로 수소문한 끝에 스웨덴 출신의 젊고 유능한 기계 전문가 기드온 선백Gideon Sundback(1880~1954)과 만나게 된다. 기드온 선백의 능력은 의심할 바가 없었다. 그는 스웨덴에서 정규교육을 받고 기계 기술

의 종주국이라 불리는 독일에서 유학한 후 미국의 웨스팅하우스 일렉
트릭Westinghouse Electric에 곧바로 입사한 우수한 인재였다. 그가 몸담았
던 웨스팅하우스 일렉트릭은 토머스 에디슨이 설립한 제너럴 일렉트
릭General Electric과 자웅을 겨루던 미국 전기산업의 선두주자였기 때문에
젊은 기술자에게는 꿈의 직장이었다.

피터 애런슨은 고민할 수밖에 없었다. 탐나는 기술자를 찾아내기는
했는데 어떻게 데려올 것인가? 유니버셜 패스트너 컴퍼니는 웨스팅하
우스 일렉트릭에 비하면 형편없이 작다. 게다가 전기 산업은 미래가
창창하지만 패스트너는 팔리지도 않는 천덕꾸러기다. 스카우트는 불
가능해 보였다. 하지만 늙은 기술자에게는 한 가지 천운이 있었다. 젊

기드온 선백과 엘비라 애런슨

은 인재를 어찌 해볼 순 없다 하더라도 젊은 남자만큼은 꼼짝 못하게 할 그 무엇, 그의 딸은 예뻤다.

젊은 남자 기드온 선백은 피터 애런슨의 딸을 보자마자 유니버설 패스트너 컴퍼니에 입사했고, 둘은 3년의 연애를 거쳐 1909년에 결혼을 하게 된다. 회사의 명운을 어깨에 짊어지고 입사하긴 하였지만 행복한 결혼 생활을 만끽하던 그가 보여 준 업적은 기대와는 달리 대단치 못했다. 획기적인 개가를 올리기보다는 조금씩 제품을 수정하는 선에 그쳤던 것이 몇 년간 보여 준 활약의 전부였다. 어떤 사료를 살펴보아도 그가 아내에게 집중하기 위해 일을 게을리 했다는 증거를 찾아 볼 수는 없다. 그는 성실했고 한눈 팔 줄도 몰랐으며, 현금이 모자란 회사를 위해 이웃 공장의 생산라인 설계 아르바이트까지 자청하고 나설 정도로 헌신적이었다. 다만 성과가 미미했을 뿐이다.

그러던 차에 비극이 일어난다. 행복한 남자를 고독한 기술자로 탈바꿈시키는 비극. 아내가 어린 딸을 남겨 둔 채 결혼 2년 만에 유명을 달리하고 만 것이다(출산 후유증으로 추정되지만 기록은 없다). 그리고 나자 가시적인 성과가 나타나기 시작했다. 슬픔을 극복하기 위한 몸부림이었는지 아니면 뒤늦게 발현된 기술자의 열정이었는지는 알 수 없지만, 아내의 죽음 이후 그는 무섭도록 연구에 매진하였고 지퍼의 원천 기술 특허들을 쏟아낸다. 결국 1917년, 드디어 가볍고 유연하고 튼튼하면서도 구리 합금으로 만들어 녹이 슬지도 않는 패스트너가 탄생한다. 고장 투성이 철 덩어리가 실용성 있는 혁신품으로 다시 태어난 것이다.

이제 날개 돋친 듯 팔릴 일만 남은 것 같은데, 또 다시 장애물이 나타난다. 이번의 장애물은 다소 복합적인 것이었다. 우선 유니버셜 패스너 컴퍼니의 평판이 너무 좋지 않았다. 창업 이후 단 한 번도 쓸 만한 제품을 내놓은 이력이 없는 회사의 과거가 발목을 잡은 것이었다. 또 다른 문제는 가격 경쟁력에 있었다. 단추는 구매와 노동 단가를 합해 단지 5센트 정도면 충분한 데 반해 패스너는 그 대여섯 배의 돈이 들었다. 평범한 치마 한 벌 가격이 1달러 남짓하던 시절에 30센트가 넘는 부자재를 누가 쓰겠는가.

천지개벽이 일어난다 해도 생산 단가를 6분의 1, 즉 단추 수준으로 떨어뜨릴 수는 없었다. 그렇다면 가격 경쟁은 답이 아니다. 회사는 과감하게 전략을 수정하여 과거의 나쁜 이미지를 불식시키고 제품의 유용성을 알리는 것에 주력하기로 한다. 그러기 위해서는 패스너의 장점이 선명하게 드러나는 적용 방식을 찾아야 했다. 후에 타이어 재벌이 되는 굿리치Goodrich 사와의 협력은 이런 면에서 행운이었다.

굿리치는 소소한 고무 제품을 생산하는 작은 회사였는데, 주력 제품 중 하나는 갈로슈즈였다. 갈로슈즈란 커다란 고무장화를 말한다. 당시에는 포장된 도로가 드물어 비만 오면 시내 곳곳이 금세 진흙탕으로 변하고 말았다. 그러면 뽐내기 위해 신은 정장 구두가 함부로 헤집고 다닌 강아지 발마냥 흙투성이가 되어 버린다. 그래서 이를 방지하기 위해 신발 위에 덧신는 장화가 갈로슈즈다. 여기에 패스너를 부착했더니 신고 벗는 일이 한결 수월해졌다. 드디어 단추나 끈보다 잘하는

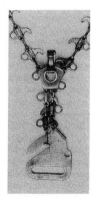

1883년   1896년

1902년   1917년

지퍼의 변천사

1883년, 1896년, 1902년의 제품은 윗콤 저슨이 개발한 것들인데,
기능에 있어서 심각한 결함이 있었다. 1917년의 제품은 기드온 선백이 개발한 것으로 모양과
기능이 현대의 지퍼와 가장 가깝다. 기드온 선백은 지퍼를 개발한 공로를 인정받아 2006년
발명가 명예의 전당에 헌액되었다.

일을 찾은 것이다.

그뿐 아니라 이 협업은 또 다른 행운으로 이어진다. 비로소 꼭 어울리는 이름 '지퍼'를 얻게 된 것이다. 갈로슈즈를 판매하면서 굿리치 사는 상품명을 '지퍼'라고 붙였는데 사람들은 갈로슈즈의 이름이 아닌 갈로슈즈에 붙은 기특한 장치의 이름으로 지퍼를 기억한다. 이때부터 패스트너는 지퍼가 된다.

또 다른 적용 사례는 지퍼의 실용성을 더없이 명쾌하게 증명했다. 군데군데 틈이 벌어지는 단추가 절대 해낼 수 없는 일, 쉽게 풀리는 끈으로는 안심되지 않는 일, 많은 사람들이 고민했으나 누구도 대안을 제시하지 못했던 오래된 난제. 그것은 바로 담배 주머니였다. 개비별

굿리치 사의 갈로슈즈 '지퍼'의 지면 광고

로 포장된 궐련 담배가 없던 시절, 흡연자들은 파이프와 함께 담뱃가루를 조그만 주머니에 넣고 다녔다. 문제는 조금만 걷다 보면 담뱃가루가 뭉텅이로 바지 주머니 가득 쏟아지기 일쑤였다는 것이다. 그런데 주둥이를 지퍼로 닫자 모든 문제가 깔끔하게 해결되었다. 기존의 제품보다 훨씬 더 비싸기는 했지만 무슨 상관이랴. 더 이상 빨래 바구니가 담배물로 찌들지 않게 되었으니 말이다. 지퍼로 닫아 더 이상 샐 걱정 없는 담뱃가루 주머니는 그렇게 히트 상품이 되었고, 지퍼가 얼마나 유용한 장치인가를 수많은 잠재 소비자에게 알리게 된다.

이제 더 이상의 장애물은 남아 있지 않았다. 멀게만 느껴졌던 부와 명예라는 스티플이 한층 더 가까이에 있었다. 사람들은 지퍼의 실용성

록타이트 사의 지퍼 달린 담배 주머니
1920년대 중반 유니버셜 페스트너 컴퍼니가 생산한 지퍼의 70%가
담배 주머니 제작을 위해 사용되었다.

을 실감했고 돈을 조금 더 쓰더라도 지퍼가 달린 제품을 사기 시작했다. 군대에서는 군인들의 침낭에 지퍼를 달았고 채신국은 우편배달부의 가방을 지퍼로 안전하게 잠갔다. 자신감을 얻은 회사는 유니버셜 페스트너 컴퍼니에서 타롱Talon(맹금류의 발톱)으로 이름을 바꾸고 품질 관리와 마케팅에 더 많은 투자를 한다. 주문이 밀려오고 — 그 주문을 소화할 수 있도록 생산 설비를 확충하고 — 그 설비를 운용할 인원을 채용한다. 그리고 나자 더 많은 주문이 밀려오는 선순환이 지속되면서 단 몇 명으로 시작한 회사는 1930년대 후반에 이르러 약 5000명의 직원을 거느린 대그룹으로 성장하게 된다. 지퍼의 전성기가 열린 것이다.

한동안 모든 것은 순조로웠다. 그리고 모두가 행복했다. 하지만 현실 세계의 결말이 어린이 동화의 클리셰 '오래오래 행복하게 살았어요'와 같을 수는 없다. 지퍼의 개발과 보급을 위해 혼신의 힘을 다했던 기술자, 마케팅 담당자, 관리자와 공장 노동자 등 타롱의 이름 아래 모였던 모든 이의 전성기가 어느 순간 흔적도 없이 사라져 버린 것이다. 그들이 예상치 못했고 결국 넘지 못했던 장애물은 일본에서 몰려온 헐값의 지퍼였다. 제2차 세계대전이 끝난 후 타다오 요시다가 설립한 지퍼 회사 YKK는 자국의 값싼 노동력을 바탕으로 전 세계 지퍼 시장을 빠른 속도로 잠식해 나갔다.

선두 주자 타롱이 부딪쳤던 장애물은 지퍼가 무엇에 쓰는 물건인지 몰랐던 소비자와 열악한 기술과 존재하지 않던 사용처를 찾아내는 등 지퍼와 관련된 모든 것이었지만 후발 주자 YKK의 장애물은 오직 타롱

뿐이었다. 그리고 타롱을 넘는 일은 그보다 싼 제품을 생산해 내는 것이면 충분했다. 결국 이 일본 회사는 1970년대에 들어서며 타롱을 무너뜨리고 지퍼의 세계에서 1위의 자리를 차지한다.

YKK가 세계 지퍼의 90%를 생산하며 독점 체제를 이어가고 있는 현재 윗콤 저슨, 윌슨 웨어, 피터 애런슨, 기드온 선백 등이 분투하며 일궈온 지퍼의 요람 펜실베니아 미드빌에는 황량하게 버려진 지퍼 산업의 흔적만이 남게 되었다. 상상할 수 있는 모든 장애물을 그 누구보다 먼저 넘었다. 하지만 결과적으론 패배로 기록된 경기였다.

남겨진 이야기
×××××××

없는 시장을 개척해야 했던 것이 타롱의 일이었다. 그렇기 때문에 마케팅에 심혈을 기울일 수밖에 없었다. 지퍼의 마케팅은 시장을 세분화하여 개별 소비자 집단의 특성에 맞게 접근하는 현대 마케팅의 전조였다. 이 분야에 관심이 있는 사람이라면 한 번 살펴볼 만한 가치가 있다.

아이들 시장을 공략하기 위해서는 교육적 효과를 강조했다. "하나 둘 셋, 우리 딸이 스스로 옷을 입었어요"라는 광고 카피를 이용해 엄마가 잠가 줘야 하는 단추보다 아이 스스로 해결할 수 있는 지퍼 달린 옷이 아이의 자립성을 키우는 데 도움이 된다는 것을 강조하였다. 자립심에 대단한 가치를 두는 미국인들이었던지라 이 전략은 성공적으로 먹혀들었다.

여성복을 위해서는 정숙성을 강조했다. 제임스 서버James Thurber라는 당대 최고의 카투니스트를 초빙하여 단추 틈으로 드러난 맨살의 민망함을 풍자화로 표현하였고, 이는 지퍼의 필요성을 효과적으로 부각시켰다. 이 역시 여성들의 이목을 집중시키는 데 성공했다.

남성복 시장을 공략하기 위해서는 비교적 유행에 둔감한 남성들에게 직접 다가가기보다 그들에게 옷을 제공하는 고급 맞춤복 제작자들을 먼저 설득하였다. 고급 바지에 지퍼가 달리자 저가품들이 따라 하기 시작했다. 대부분의 유행은 고가품에서 저가품으로 확장된다는 원리를 알고 있었던 것이다.

지퍼의 효용성을 알리는 두 광고
위는 어린 여자아이가 지퍼를 이용해 스스로 옷을 입는다는 내용이다.
아래는 단추로 잠근 원피스의 옆선으로 살이 삐져나온 부인을 보며 웃고 있는 남편을 강조하여
지퍼의 필요성을 역설하는 제임스 서버의 풍자화 광고이다.

07

{ 청바지의
왜곡된 전설 }

목재소에 동력을 담당하는 물레방아를 만들어 놓고 그곳으로 물길을 트는 작업을 하던 도중, 한 길 정도 되는 물속에서 무엇인가 반짝거린다. 호기심이 일어 꺼내어 보니 콩알만 한 쇳조각 몇 개가 노랗게 빛나고 있다. '아니 이것은?' 목수는 그 길로 동업자에게 달려갔다. 그 둘은 그 쇳조각을 있는 힘껏 망치로 내리쳤다. '바보의 금$^{fool's\ gold}$'으로 불리는 황철석이나 황동석이라면 산산이 부서지고 말테지만 금이라면 평평하게 펴질 것이다. 콩 모양이던 쇠가 망치를 맞고 나자 동전처럼 납작해졌다. 둘은 흥분하기 시작했다. 하지만 아직 단정하기는 이르다.

이번에는 수평저울을 가져다 놓고 무게를 쟀다. 한쪽에는 그 쇳조각을 그리고 다른 쪽에는 은을 올려놓았다. 금은 은보다 두 배 가량 무겁다. 은이 올려진 쪽의 접시를 쉽게 들어 올리는 이 노란 쇳조각. '정말 금일까?' 그들과 함께 일하던 한 여자는 솥에 진한 잿물을 담아 가지고 왔다. 그러고는 그 쇳조각을 만 하루 동안 끓였다. 금이라면 끓는 잿물에 부식되지 않고 온전하게 남을 것이다. 긴장된 마음으로 솥바닥을 확인하자 노란 쇳조각들이 여전한 광채를 뽐내고 있다. "금이다. 진짜 황금이다!"

그 두 남자, 제임스 마셜James Marshall과 존 셔터John Sutter가 캘리포니아 세크라멘토의 황무지에서 금을 발견한 것은 1848년의 일이었다. 당시 존 셔터는 벌목사업을 하면서 목재소를 운영하고 있었는데 그가 점유하고 있던 땅에서 금이 발견된 것이다. 만일 존 셔터가 그 땅을 소유하고 있었더라면 그곳에서 금이 발견된 것은 일생일대의 행운이었을 것이다. 하지만 그가 터를 잡고 있던 일대의 땅, 즉 광활한 캘리포니아

최초의 금 발견지 존 셔터의 목재소 풍경
새크라멘토 북동부 약 70킬로미터 지점에 위치해 있었다.

새크라멘토는 미개척 상태에 있었기 때문에 그 누구도 주인이라 할 수 없었고 아무나 와서 사용하면 그뿐이었다. 존 셔터 그리고 그의 동업자이자 최초의 금 발견자인 제임스 마샬은 목재소에서 일하던 모든 인부들에게 함구령을 내린다. 사람들이 모르는 사이 모든 금을 독차지할 요량이었던 것이다. 하지만 그들의 계획은 터무니없는 것이었다. 흐르는 물은 가둘 수 있을지언정 사람의 입을 봉할 방법은 고금에 없기 때문이다.

남들처럼 생각해선 돈을 벌 수 없다. 약삭빠른 장사꾼이었던 새뮤얼 브래넌Samuel Brannan은 이것을 알고 있었다. 새크라멘토 일대에서 금이 발견되었다는 소문을 들었을 때 그는 남들과는 다른 생각을 했다. 하지만 그가 처음 느낀 것은 의아함이었다. 소문은 풍선처럼 부풀었는데 서너 달이 지나도록 사람들의 반응이 신통치 않았던 것이다. 금을

캘리포니아에서 발견된 금들
왼쪽부터 괴금gold nugget(덩어리 금), 잎사귀 금gold leaves, 그리고 사금placer gold의 모습이다. 제임스 마샬 과 존 셔터가 발견한 것은 작은 괴금이었고, 아주 드물게 손바닥보다 큰 잎사귀 금이 캘리포니아 일대에서 발견되고는 했다. 대부분의 금은 사금의 형태로 채굴 되었는데 캘리포니아 거의 전 지역의 토양은 사금을 포함하고 있다.

캐겠노라고 너도 나도 발 벗고 나서야 정상일 것 같은데 그가 살던 (세크라멘토에서 가장 가까운 도시인) 샌프란시스코의 주민들은 별 동요가 없었다. 사람들은 금에 대한 이야기를 그저 떠도는 헛소문으로 치부했을 뿐 진지하게 받아들이지 않았다. 이런 상황이라면 새뮤얼 브래넌의 계획은 수포로 돌아간다. 그는 괴금과 사금을 모아 조그만 유리병에 채우고 큰 길로 나섰다. 그러고는 금으로 가득 찬 병을 치켜들고 외치기 시작했다. "금이오, 금! 새크라멘토의 강가에서 캐온 금이란 말이오!"

귀로 들었을 땐 믿지 않던 사람들은 금을 직접 보자 태도가 급변했다. 남녀노소 할 것 없이 금을 캐러 나서기 시작한 것이다. 은밀히 저 혼자 캐도 될 터인데 새뮤얼 브래넌은 대체 무슨 꿍꿍이로 동네방네 소문을 못 퍼트려 안달이었을까? 유리병을 들고 거리로 나서기 전 그는 근방에서 구할 수 있는 모든 삽과 곡괭이 그리고 넓적한 양철 그릇 등 금을 캐는 데 필요한 물품을 모조리 사들여 제 가게에 가득 채워 놓았다. 금을 캐려면 누구라도 그의 가게에 들러야 하는 상황을 만들었던 것이다. 눈에 보이는 금 앞에서 대부분의 사람들이 제 손으로 금을 캐겠다는 단순한 생각에 사로잡힐 때 그는 남들과는 달리 금 채굴이 가져올 수요의 변화를 미리 예상하였고, 이는 적중했다. 미국 서부 개척시대의 역사를 논할 때 빼놓을 수 없는 중대 사건인 골드러시는 이렇게 새뮤얼 브래넌을 벼락부자로 만들며 시작되었다.

금에 홀린 사람들은 새크라멘토뿐만 아니라 캘리포니아 전역을 들쑤시고 다녔고, 이 소식은 세계로 퍼져나가 더 많은 사람들을 끌어들

원시적인 도구를 이용해 금을 캐던 골드러시 초창기의 모습

였다. 미국은 물론이고 유럽과 남아메리카 심지어 중국에서까지 황금을 찾아 부자가 되겠다며 사람들이 몰려들었는데 그 가운데엔 유태인 청년도 한 명 끼어 있었다. 훗날 전 세계인이 알게 되는 그의 이름은 리바이 스트라우스Levi Strauss(1829-1902)였다.

풍설로 전해지는 리바이와 그의 청바지 이야기는 이렇다. 한 무리의 광부들과 어울려 금을 캐던 어느 날, 그는 사람들이 바지를 놓고 불평불만을 쏟아내는 모습을 목격한다. 당연한 일이겠지만 하루 종일 흙바닥에서 구르는 게 광부들의 일이다. 바지는 종잇장처럼 쉽게 찢어졌고 주머니 역시 튼튼하지 않아 담고 있던 사금 조각을 땅바닥에 흘려버리기 일쑤였다. 불만이 없을 리 만무했다. 이를 알게 된 리바이는

생각했다. '찢어지지 않는 바지를 만들기만 한다면 나도 벼락부자가 될 수 있다.'

천성적으로 재기 넘치던 그는 그날부터 머리를 짜내기 시작한다. 가장 튼튼한 천이 무엇일까 고민하던 그는 항해할 때 보았던 돛을 떠올렸다. '대서양의 거친 바람을 견딘 돛이라면 세상에서 가장 튼튼할 것이다.' 그는 그길로 달려가 항구에 버려진 배의 돛을 잘라 왔다. 모닥불을 옆에 두고 재단하고 바느질 하며 밤을 지새우니 한 벌의 바지가 만들어진다. 옷으로 입기에 뻣뻣한 감이 없진 않았지만 기대만큼 튼튼했다. 그리고 또 고민했다. '주머니는 어떻게 보강해야 할까?' 그는 주변에 널린 구리 못을 주워 주머니가 달린 이음새에 박아 넣었다. 금괴

골드러시가 시작되었을 당시의 샌프란시스코 항구 전경
샌프란시스코 앞바다에 떠 있는 배들 중 많은 수가 버려진 것이었다고 전해진다.
그 배가 여객선이 되었건 혹은 화물선이 되었건, 선원들은 샌프란시스코에 당도하는 즉시
배를 버리고 금광으로 달려갔다.

를 넣어도 터지지 않을 만큼 튼튼했다.

　바지가 완성되자 이번엔 자신이 제작한 바지를 널리 알릴 방법을 궁리한다. 고민 끝에 그는 두 마리의 말을 데려다가 반대 방향을 보게 하여 세운 다음 자신이 제작한 바지로 그 둘을 연결시켰다. 드디어 근방의 모든 사람들을 불러모으고 말에 채찍질을 했다. 두 마리의 말이 사력을 다하여 줄다리기를 하였건만 바지는 조금도 찢어지지 않았다. 벌어진 입을 다물지 못하던 사람들은 바지를 사겠노라며 앞 다투어 금을 꺼내 놓기에 이른다.

　아귀가 딱 맞는 매력적인 성공 스토리이기는 하지만 사실과는 다르다. 우선 리바이는 금을 캐러 다닌 일이 없다. 항구를 돌아다니며 돛을 수거한 일도 없으며, 한뎃잠을 자며 바지를 만든 일 또한 없다. 게다가 구리 못을 옷에 박아넣은 것은 명백하게 다른 사람의 아이디어였다. 그렇다면 리바이와 그의 바지는 어떻게 그 이름을 세상에 알리게 된 것일까? 사실에 따른 그의 성공 스토리는 풍설과는 달리 그다지 매력적이지 않다. 오히려 지루하고 진부한 것에 가깝다.

　1829년 독일 남부의 작은 마을 부텐헤임에서 태어난 리바이는 육형제 중 막내였는데 위로부터 네 명의 형제와는 어머니가 달랐다. 아버지 히르쉬 스트라우스의 첫 번째 부인은 세 명의 사내아이와 한 명의 계집아이를 낳은 후 유명을 달리했고, 두 번째 부인 레베카가 누나인 보젤라Vogela와 리바이를 낳았던 것이다. 평화로운 작은 동네에서 지낸 그의 유년시절은, 그러나 그리 행복했다고 볼 순 없었다. 나이 많은 이

복형제들과 부대끼며 살았기 때문이 아니라 적대적인 독일인들 사이에서 지내야 했기 때문이다.

유럽의 역사를 돌이켜 보면 어느 나라에서도 유태인들이 환영받은 일은 없다. 1세기경 훗날 로마의 황제가 되는 티투스에 의해 예루살렘이 함락된 이후, 유대인들은 노예로 팔려가거나 도망자 신세가 되었다. 이때부터 시작된 디아스포라^{diaspora}, 즉 방랑생활을 하게 되는데, 어디가 되었든 가는 곳마다 박해에 시달려야 했다.

유태인들이 유럽 각국에서 미움을 받은 이유는 우선은 종교에 있었고, 다음은 경제생활에 있었다. 유일신을 모시며 선택받은 민족이라 자부하는 그들은 다른 종교 혹은 다른 문화와 융화되지 못하였고, 자의든 타의든 폐쇄된 집단으로 남게 된다. 자국의 영토에서 저들만의 신을 모시며 모든 일에 제 방식만을 고집하는 유랑민족을 좋아할 이유가 무에 있겠는가.

그들의 직업도 미움을 받는 이유였다. 중세 교회는 유태인에게 토지소유를 허락하지 않았기 때문에 땅을 일구는 평화로운 삶을 살 수 없었다. 그래서 장사를 하거나 금융업에 종사하는 경우가 많았는데, 좋게 말해 금융이지 나쁘게 말하면 고리대금이다. 이민족의 눈에 유태인들은 악착같은 장사치이거나 서민의 고혈을 빠는 악질 사채업자로만 보였고 이런 이미지는 시간이 흐르면서 더욱 고착되어 갔다. 유럽 문학 속에서 무정한 사채업자 샤일록(《베니스의 상인》), 교활한 소매치기 두목 페이긴(《올리버 트위스트》), 이유 없이 아이를 죽이는 무명의 살인자(《캔터베리 이야기》) 등이 유태인으로 설정되어 있다는 사실은 유럽인들이 그들을 어떻게 생각했는지 보여 주는 단적인 예이다.

리바이가 살았던 독일도 유태인을 박해하는 일에 있어서 예외는 아니었다. 아니 오히려 그 선봉에 있었다고 보는 것이 맞을 것이다. 정부는 눈엣가시와 같은 유태인 인구를 줄이기 위해 혈안이 되어 있었는데, 그 방법으로 인구제한책을 썼다. 효과적인 피임 방법이 전무했던 시절에 사용된 인구제한책이란 다분히 행정적인 것이었다. 자녀가 몇 명이건 간에 오직 첫째의 결혼만 허가하는 것이다. 그렇게 되면 첫째가 아닌 사람은 다른 곳으로 떠나 일가를 꾸려야 한다. 리바이의 둘째 형과 셋째 형이 미국으로 도망치듯 떠나버린 것도 이런 이유에서였다.

형들을 보내고 힘겹게 삶을 이어가던 리바이에게 변화가 찾아온 것은 아버지가 폐병으로 생을 마감한 이후였다. 적대적인 사회에서 가장마저 없이 살아간다는 것은 지독한 고난이었기 때문에 남은 가족들은 중대 결정을 내린다. 아버지가 세상을 떠나고 2년 후인 1847년, 바꿔 말하면 골드러시가 시작되기 1년 전, 그들은 미국행 배에 몸을 싣는다. 새 삶을 위한 출발이었다. 리바이와 청바지의 이야기도 여기서부터 시작된다.

08

황금시대의
신화가 되다

두 달 넘게 이어진 고된 항해 끝에 뉴욕에 도착했을 때 리바이의 나이는 열여덟 살이었다. 가난한 어린 이민자가 말이 통하지 않는 이국 땅에 적응하기가 쉬울 리 없었겠지만 리바이는 그와 함께 바다를 건넌 동료 유태인들보다는 상황이 좋았다. 그에게는 이미 뉴욕으로 건너와 그곳에서 삶을 일구던 둘째, 셋째 형이 있었다.

형들이 운영하던 가게는 포목점이었다. 원단이나 실, 단추, 바늘과 같은 물품을 파는 일을 도우며 장사에 대해 조금 익히고 나서 리바이는 페들러peddler로서 세상에 나선다. 페들러는 쉽게 말해 방물장수라 할 수 있다. 큰 도시이므로 모든 물품이 풍부한 뉴욕에서 산간벽지에 필요할 법한 물건을 골라 커다란 가방에 싸들고 돌아다니며 파는 일이 리바이의 첫 직업이었던 것이다.

끝도 없는 시골길을 혼자 걸어가 농가의 문을 두드리면 호기심 많은 아낙네가 가방 안을 보자 청한다. 그러면 만면에 친절한 웃음을 띠며 바늘쌈이나 단추 등 꼭 필요하기는 하지만 그것을 사기 위해 도회지까지 직접 나갈 만큼 긴박하지는 않은 사소한 물건을 늘어놓는다. 듣기엔 별것 아닌 것 같지만 실제로는 그리 만만한 직업이 아니었다. 우선은 그 가방의 무게가 40킬로그램에 육박하여 육체적 고단함이 대단했다. 게다가 안전도 보장되지 않았다. 누구나 총 한 자루쯤은 가지고 있는 개척시대의 미국에서 주머니에 현금을 넣은 채 홀로 걸어가는 장사꾼이 마냥 안전할 리가 없다. 실제로 많은 페들러들이 강도에 시달렸고 종종 목숨을 잃기도 하였다.

위험하고 고단하며 많은 이문이 남지도 않는 페들러 생활이었지만

일반적인 유태인 페들러의 모습

리바이는 남은 그의 삶에 있어서 매우 중요한 것을 얻게 된다. 물건을 떼는 도시에서 들은 소식을 시골 사람들에게 전하고, 또 그들에게서 들은 소식을 도시로 가져오는 일을 반복하면서 자연스레 미국의 언어와 문화를 익혔다. 그러던 중 일생일대의 희소식을 듣게 된다. 바로 캘리포니아의 황금 이야기!

보젤라에서 페니Fanny로 개명한 누나 그리고 그녀의 남편인 데이비드 스턴David Stern과 함께 리바이는 샌프란시스코로 향한다. 그들이 당도한 곳, 태평양을 접한 항구도시이며 삽으로 금을 퍼내는 골드러시의 중심지는 과연 어떤 모습이었을까? 그곳은 장사꾼의 천국인 동시에 지옥이기도 한 재미난 곳이었다. 천국일 수 있었던 이유는 미친 듯이 솟구치는 물가 때문이었다. 소비자인 광부들은 넘쳐나는데 의식주를 공급하는 생산자는 없는 실정이다 보니 금을 제외한 모든 물건이 귀했고, 그만큼 비쌌다. 뉴욕에서 5센트였던 사과가 50센트에 팔렸고, 역시 5센트면 구할 수 있는 달걀은 그 스무 배인 1달러에 거래되었다. 모든 물건에 적게는 다섯 배, 많게는 수십 배의 가격이 매겨져 있었으니 팔 물건만 있다면 돈을 버는 것은 시간 문제였다.

리바이와 그의 매형은 들고 갈 수 있는 최대한의 포목과 바느질 용구를 트렁크에 챙겨 넣었고, 모든 것은 그들이 배에서 내리자마자 좋은 값으로 팔려나갔다. 1센트짜리 바늘을 25센트에 팔아넘겼다고 하니 실로 막대한 이문이 아니었겠나. 이렇게 만들어진 종자돈으로 리바이와 매형은 부둣가에 자리한 목조 건물에 포목점을 열 수 있었다.

혹성 B-612에는 사냥꾼이 없다는 어린 왕자의 이야기를 들었을 때, 여우는 마음이 들떴다. 총을 들고 쫓아오는 이가 없다니 얼마나 좋은 가! 하지만 그곳엔 사냥꾼뿐 아니라 여우가 즐겨 쫓는 병아리도 없다는 사실을 알게 되자 이렇게 투덜댄다. "세상에 완벽한 것은 없군." 샌 프란시스코도 언뜻 장사꾼의 천국일 듯 보였지만 마찬가지로 완벽하지는 않았다. 팔 물건을 구하기가 너무도 어려웠던 것이다. 당시에는 동부에서 이어지는 철도는커녕 변변한 도로도 없었기 때문에 모든 상품을 배로 운반해야 했는데, 이마저도 안정적이지 못했다. 폭풍이라도 몰아치면 며칠씩 배송이 지연되는 것은 다반사였고, 간혹 운이 좋지 못한 배는 영영 항구에 닿지 못했다. 가격이 아무리 좋다 한들 팔 물건이 없으면 무슨 소용인가.

골드러시는 광부를 끌어 모았고, 광부들이 쓰는 금과 돈은 장사꾼을 불러 모았다. 돈이 있는 곳에 경쟁이 없을 수는 없었다. 인근에 난립한 100여 곳이 넘는 포목점 사이에 끼어 있던 리바이의 가게도 언제나 치열한 경쟁 속에 있었는데, 생존의 관건은 좋은 물건을 남들보다 빨리 확보하는 것에 있었다. 그렇기 때문에 모든 상인의 이목은 항구에 집중돼 있었다. 포목을 실은 배가 입항하면 인근의 모든 포목상 주인이 모여드는 경매가 열리고, 아귀다툼을 벌이더라도 물건을 선점해야 살아남을 수 있었던 것이다. 이럴 경우 남들보다 먼저 움직이는 것이 유리한데, 이를 위해 리바이는 동네 꼬맹이들을 고용했다. 멀리 수평선에 배가 나타나면 가게로 뛰어오도록 일러두고 하나씩 망원경을 들려

산꼭대기로 올려 보냈다. 그러면 입항 시간을 남들보다 먼저 알 수 있었고, 경매에서도 질 좋은 물건을 차지할 수 있었다.

치열한 경쟁 속에서도 리바이의 가게는 꾸준히 성장했는데 아이들을 고용한 기지는 어쩌면 아주 작은 부분에 불과했다. 더 큰 성장 요인은 리바이의 성실함이었다. 리바이의 가게에는 언제나 새벽 6시에 불이 들어왔고, 밤늦도록 꺼지지 않았다. 남는 시간에는 페들러의 경험을 살려 광부들을 직접 찾아다니며 물건을 팔았다. 그 도시엔 그 어떤 지역보다 많은 술집과 매음굴 그리고 도박장이 불야성을 이루었으나 사업에만 몰두한 리바이를 유혹하지는 못했다.

또 다른 성장 요인은 거래 관계에 있어 신뢰를 쌓는 것이었다. 리바이의 초창기 경영 방식에 대한 자료가 많이 남아 있지는 않지만 그 후의 행적으로 미루어 보았을 때 그는 거래처와 끈끈한 유대관계를 형성했던 것으로 보인다. 일례로 샌프란시스코 지진으로 인해 많은 소매점들이 자금난을 겪을 때 그들의 도매상이었던 리바이의 회사는 이자를 받지 않고 자금을 융통해 주어 그들이 도산하지 않도록 도와주었다. 믿고 의지할 만한 사업 파트너였다는 말이다.

20년에 걸친 꾸준한 노력으로 리바이의 작은 포목상은 풍부한 자금력을 가진 대규모 도매상으로 발전하였다. 개인적으로도 시내 한 가운데 위치한 호텔을 인수할 정도의 부를 쌓았을 때 그간 보여 준 그의 신뢰성이 드디어 결실을 맺는다. 일생의 역작이라 할 만한 특허를 아무에게나 공개할 수 있을까? 리바이가 신뢰할 만한 사람이 아니었더라

제이콥 데이비스

면 제이콥 데이비스Jacob Davis가 그에게 편지를 보내는 일은 일어나지 않았을 것이다.

네바다의 가난한 재단사였던 제이콥 데이비스에게는 몇 명의 단골이 있었는데 그중 한 여인이 그가 만든 바지에 대해 지속적으로 불만을 제기했다. 남편에게 바지를 입혀 놓으면 얼마 못 가 주머니가 터지고 만다는 것이다. '실로 꿰매는 것보다 마구馬具에 사용하는 못을 박는다면 더 튼튼하지 않을까?' 한 명의 고객도 아쉬웠던 그는 별안간 떠오른 생각을 즉시 실행에 옮긴다. 주머니의 이음새를 구리 못으로 보강한 바지를 받아든 여인은 매우 흡족해했고 주변의 여러 고객을 소개시켜 주었다. 제이콥 데이비스는 성공에 대한 확신이 생겼다. 하지만

1860년대, 전도유망한 사업가였던 리바이 스트라우스

그에게는 68달러(현재 가치로 환산하면 한화 150만 원가량)가 없었다.

주머니를 구리 못으로 고정하는 아이디어는 지퍼를 제작하는 것과는 다르다. 당시의 기술력을 감안하면, 보고 들은 것만으로 당장에 지퍼를 복제해 낼 수는 없다. 특허로 독점권을 보장받지 않는다 하더라도 경쟁자가 우후죽순으로 생겨날 수는 없다는 말이다. 하지만 이 경우는 다르다. 콜럼버스의 달걀처럼, 아이디어를 떠올리는 것이 어렵지, 따라 하는 것은 누구나 가능하므로 법적인 보호가 필요했다. 특허를 신청하려면 68달러가 필요했는데, 그 돈을 마련할 수 없었던 제이콥 데이비스는 평소 원단을 공급받던 리바이에게 그의 아이디어를 편지로 적어 보낸다. 1872년 여름의 일이었다.

청바지는 작업 바지에서 시작되었다. 당시 리바이의 회사는 갈색, 회색, 파란색 등의 작업 바지를 판매하기도 했지만 그것이 주는 아니었고 원단 업체에 더 가까웠다. 하지만 소비자가 무엇을 원하는지 잘 알고 있던 리바이는 편지로 받아 본 아이디어의 가치를 알아보았고, 지체 없이 제이콥 데이비스를 샌프란시스코로 불러들인다.

리바이의 품질 좋은 원단에 제이콥 데이비스의 아이디어가 더해지자 파란색 작업 바지는 더할 나위 없이 튼튼해졌고, 이를 원했던 소비자들은 기꺼이 지갑을 열었다. 자연스럽게 사업 방향은 원단 공급에서 바지 제작으로 바뀌었다. 공장을 새로 열었고 브랜드를 알리기 위해 로고도 부착했다. 어떤 계기로 누구에 의해 이 유명한 바지 줄다리기 로고가 태어났는지는 알려지지 않았지만, 바지의 품질을 효과적으로 나타냈다는 것만은 분명하다. 그렇기 때문에 많은 경쟁자들도 줄다리기를 테마로 품질을 홍보하고자 했다.

스윗 오Sweet-Orr라는 브랜드는 각각 세 명씩, 여섯 명의 남자가 바지를 잡아당기는 모습을 로고에 그려 넣었다. 헤리슨 앤 헤리슨Harrison & Harrison은 두 마리의 투견을, 더 보스The Boss는 코끼리 두 마리를, 머피 그랜트 앤 코Murphy Grant & Co는 기차 두 대를 로고에 넣었다. 어떤 로고를 썼는가가 바지 시장에서의 승패를 가른 결정적 요인이었다고 볼 수는 없다. 하지만 리바이의 로고가 좀더 설득력이 있었다는 것은 분명해 보인다. 여섯 명의 남자나 두 마리의 투견은 그 힘에서 느껴지는 무게감이 조금 적다. 코끼리나 기차는 지나친 과장이라는 느낌을 지울

초창기의 청바지 로고
맨 위부터 아래로 스윗 오, 더 보스, 머피, 그랜트 & 코, 리바이 스트라우스의 로고이다.

수 없다. 기차가 당겨도 찢겨지는 않는 바지가 어떻게 존재할 수 있다는 말인가. 반면 두 마리의 말은 강력한 힘이 느껴지면서도 허풍은 아닌 것 같은 그 적정선을 제대로 표현해 냈다.

그리고 리바이의 청바지는 1890년 드디어 '501'이라는 이름을 얻게 된다. 두 마리 말을 로고에 넣고, 구리 못으로 주머니를 단단하게 여몄으며, 뒷주머니를 잇닿은 활 모양으로 장식한 501 청바지가 탄생한 것이다. 제품 카탈로그에 실린 제품의 번호는 그 후 바지의 이름이 되었고, 백 수십 년이 지난 오늘까지도 전 세계에서 판매되는 청바지의 대명사가 되었다.

청바지의 대히트가 리바이의 성공을 이끈 것으로 보이지만, 실상 그것은 물이 끓는 것과 같은 요란스러운 결과이지, 그 물을 데운 불은 아니다. 천성적인 성실함과 더불어 드러나지 않게 지켜 왔던 리바이의 경영철학이 어쩌면 더 큰 성공 요인일 것이다. 그는 제이콥 데이비스를 극진하게 대했다. 공장장으로 임명하여 생산에 대한 전권을 맡겼고, 바지 판매로 얻은 수익금을 공평하게 나누었다. 사업의 결실을 나누는 것, 이것이 그가 견지했던 철학이었다. 리바이의 이 원칙은 일개 공장 노동자에게도 적용되었다. 퇴직한 직원에게까지 월급을 챙겨 주었던 것이다. 그 시절 그 어떤 기업도 퇴직 노동자의 노후를 돌보지 않았다. 노조가 있던 것도 아니고 연금의 개념도 없던 시절이었다. 하지만 리바이는 모든 직원을 동업자로 인식했고 그들의 안위가 회사의 성장을 이끄는 원동력이라 믿었다.

그다음 성공 요인은 아마도 그가 실천한 기업의 사회적 책임에서 찾을 수 있을 것이다. 그는 여유가 생길 때마다 기부를 했다. 샌프란시스코의 고아원을 돌보았고 해마다 캘리포니아 주립대학교에 장학금을 기탁했다. 당시 스물여덟 명의 학생이 그의 돈으로 공부했다고 하며, 그가 다달이 보낸 송금 내역이 현재까지도 남아 있다. 그가 사회적인 책임을 다해야겠다고 깨달았던 이유는 어디에 있었을까? 공식적으로 밝혀진 바는 없다. 하지만 미루어 짐작컨대 개인의 성공은 건전한 사회에서만 가능하다는 것을 몸소 체험한 것으로 보인다. 독일에서 지냈던 어린 시절과 달리 미국, 특히 캘리포니아는 유태인에 대한 편견이 없었고, 이는 그가 온전히 일에 몰두할 수 있는 환경을 제공해 주었다. 그리고 존경받는 기업인으로서, 1902년 73세의 일기로 생을 마감할 때까지 그는 그것을 감사하게 생각했다.

앞서 말한 바와 같이 리바이와 그의 청바지가 이룩한 성공 이야기는 진부하다. 그는 성실했고, 공평하게 나누었으며, 사람과 사회에 대한 책임을 기꺼이 받아들였다. 기막히게 운이 좋은 벼락같은 성공이었다고 리바이의 삶을 오해하는 경우가 많다. 하지만 언제나 그렇듯 '운'만으로 설명할 수 있는 성공은 없다.

남겨진 이야기
✕✕✕✕✕✕✕✕

리바이와 같은 시대를 살면서 일확천금을 꿈꾸었던 사람들은 어떤 삶의 기록을 남겼을까? 최초로 금을 발견한 사람인 제임스 마샬. 그는 금광을 포함하여 여러 직업을 전전하다 무일푼으로 생을 마감했다. 제임스 마샬과 함께 금의 꿈에 부풀었던 목재소 주인 존 셔터. 그는 자신이 점유했던 땅의 소유권을 인정해 달라며 남은 평생을 국회에 진정서만 써대다가 눈을 감았다. 삽을 팔아 하루아침에 벼락부자가 된 새뮤얼 브래넌. 몰몬교의 리더이기도 했던 그는 횡령한 헌금과 골드러시 때 번 돈으로 엄청난 규모의 부동산을 사들이고 스스로 철도회사를 설립할 정도로 승승장구 했다. 하지만 이혼 이후 대부분의 재산을 탕진하였고 알콜 중독에 시달리다가 사망했는데 제 자신의 장례 비용조차 남아 있지 않은 상태였다고 전해진다.

제임스 마샬(1810~1885)   존 셔터(1803~1880)   새뮤얼 브래넌(1819~1889)

제3부

행복한
구속, 종교

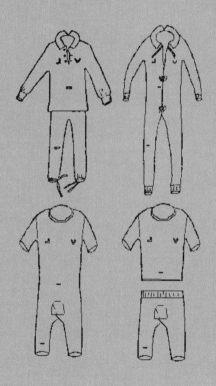

09

{ 불을 막는
마법의 속옷 }

1920년대 워싱턴에서 루트비어를 파는 조그만 가판으로 시작한 회사가 있다. 지금 세계적인 프랜차이즈 호텔 기업으로 성장한 매리어트 인터내셔널이다. 70개가 넘는 나라에 진출해 있고, 3700여 개의 호텔과 리조트를 소유하였으며, 여기서 발생하는 막대한 자금력으로 꾸준히 사세를 확장해 나가고 있다. 이 회사의 소유주이자 최고경영자는 빌 매리어트Bill Marriott. 그의 놀라운 성공 스토리와는 전혀 관계없이, 사람들은 그가 1996년 〈60분〉이라는 CBS의 간판 시사 프로그램에 출연해 했던 얘기에 의아해했다. 겸손하면서도 사려 깊은 인품에 직원들과의 소통을 중시하는 경영자로 잘 알려진 그가 이날은 유독 이해할 수 없는 이야기를 전했기 때문이다.

그 이야기는 10여 년 전 그가 겪은 보트 사고에 관한 것이었다. 배가 불길에 휩싸였을 때 그는 심한 화상을 입었고, 입고 있던 옷도 모두 불에 타 버렸지만 단 한 가지 화염을 견디며 그를 보호한 것이 있었다고 회상했다. 그리고 그는 그것이 신성한 속옷이라고 얘기했다. 인터뷰를 진행하던 저명한 저널리스트 마이크 월러스Mike Wallace는 의아해하며 재차 물었다. "정말로 속옷이 당신을 불길로부터 보호했다고 믿는 겁니까?" 빌 매리어트는 너무 당연한 것을 묻는다는 듯이 곧바로 답했다. "예. 믿습니다!"

출처가 명확하지는 않지만 빌 매리어트가 입었던 것과 같은 속옷을 입고 화를 면했다는 이야기는 종종 들을 수 있다. 비행기 추락으로 인한 화재 속에서 속옷이 신체를 지켜 줬다는 일화, 강도의 칼을 속옷이 막아 냈다는 증언, 총알 세례를 받았는데 팔다리는 총알에 맞았지만 속옷이 감싸고 있던 몸통만은 멀쩡하더라는 얘기 등. 대체 무엇으로 만든 속옷이기에 불이나 칼은 물론이고 총알까지 막아 내며 옷 입

빌 매리어트
1996년 4월 7일 〈60분〉 인터뷰 화면이다. 몰몬교 속옷의 신비한 효능을 자랑하고 있다.

은 사람을 보호한다는 말인가? 이 속옷의 재료는 코튼, 일반 속옷과 전혀 차이가 나지 않는 그저 평범한 면 소재일 뿐이다. 그렇다면 무엇이 특별하기에 미국인들은 이를 두고 마법의 속옷magic underwear이라 칭하는가?

이 마법 속옷의 유래와 권능을 이해하려면 신으로부터 이 속옷을 전해 받은 조지프 스미스 주니어Joseph Smith, Jr*에 대해 먼저 알아야 한다. 1805년 미국 버몬트의 작은 마을에서 가난한 농부의 아들로 태어난 조지프 스미스는 당시 대부분의 미국인이 그랬듯 모태 기독교 신자였다. 하지만 소년 시절의 그는 주술을 이용해 보물을 찾거나 병을 고치는 것과 같은 민간신앙에도 관심이 많았다.

열여덟 살의 어느 날, 여느 때와 같이 기도를 하던 중 그는 모로나이라는 천사의 방문을 받는데 이때부터 그의 삶은 달라지기 시작한다. 모세가 하나님으로부터 십계명을 받았던 것처럼, 그도 이 천사로부터 신의 말씀이 담긴 책을 받게 된 것이다. 천사가 직접 건네준 것은 아니고 그 책이 묻혀 있는 위치를 알려준 것인데, 조지프 스미스는 4년이 지난 후 동네의 뒷동산에서 결국 그 책을 찾아냈다.

십계명이 돌판에 새겨져 있었던 것에 반해 이 책은 감사하게도 금판으로 되어 있었다. 20킬로그램이 족히 넘는 금판은 신의 계시와 천국

조지프 스미스의 아버지도 역시 조지프 스미스이다. 구분하기 위하여 아버지 조지프 스미스의 이름 뒤엔 시니어를 붙이고, 조지프 스미스에겐 주니어를 붙인다. 우리나라에선 아버지와 아들이 같은 이름을 쓰는 일이 거의 없지만 미국에선 종종 있다.

에 대한 설명을 고스란히 담고 있었는데, 문제는 조지프 스미스가 알 턱이 없는 이집트어로 쓰여 있었다는 사실이다. 하지만 천사가 그렇게 불친절할 리 없다. 금판과 함께 우림과 둠밈Urim and Thummim이라는 은테 안경도 함께 묻어둔 것이다. 이 안경을 쓰고 보면 놀랍게도 이집트어 가 영어로 해독되어 보이게 된다. 조지프 스미스는 우림과 둠밈의 도 움으로 신의 말씀을 마침내 번역하였고, 그 내용은 1830년 책으로 출 판되었다. 이것이 몰몬경이고 이를 바탕으로 새로운 종교, 몰몬교가 태동하게 된다.

1842년 교세가 어느 정도 확장되어 개별 종교단체라고 내세울 만한 규모가 되자 조지프 스미스는 일반적인 기독교 세례의식보다 더 복잡

몰몬교의 창시자 조지프 스미스
왕성히 선교 활동을 하던 30대 중반의 모습이다. 오른쪽은 우림과 둠밈을 쓰고 이집트어로 쓰 인 금판을 해독하고 있는 조지프 스미스의 상상화이다.

하고 비밀스러운 '수혜의식endowment'을 베푼다. 이 의식에서 신도들은 씻김을 받고, 기름 부음을 받고, 장황한 서약을 하고, 마법의 속옷을 수여받는다. 그 어떤 의례도 확립되지 않은 신흥종교에서 왜 난데없이 이런 복잡한 의식을 거행하게 된 것일까? 정황으로 미루어 보았을 때, 조지프 스미스는 일종의 위기의식을 느꼈을 것으로 보인다.

당시의 정황이라는 것은 온전한 이성을 가진 사람이라면 마땅히 품어볼 만한 기본적 의심을 의미한다. 사람들은 우선 선지자라 자처하는 조지프 스미스에게 천사로부터 받았다는 금판을 보여 달라고 요구했다. 금판은 몰몬경의 진위 여부를 판단할 수 있는 결정적 증거이므로 이를 공개해 달라는 요구는 너무나 정당한 것이었다. 하지만 조지프 스미스는 신에게서 수여받은 신성한 물건을 공개할 수 없다고 일축하였다. 사람들의 요구가 거세지자 그는 말을 바꾸어 천사 모로나이가 도로 가져갔다고 둘러댔다. 물론 열한 명이나 되는 사람들이 '내가 보았노라'고 증인을 자처하고 나섰지만 그들은 대부분 조지프 스미스의 친척이거나 최측근 심복들이었다. 우림과 둠밈도 공개할 것을 요구했지만 끝내 이 신의 안경이 사람들의 눈앞에 보여진 일은 없다. 역시 몇몇의 증인이 나서긴 했지만 이때도 그 구성원은 최측근들뿐이었다. 증언은 있지만 증거는 없는 상황.

진위 여부를 떠나 내용 자체도 석연치 않은 면이 많았다. 유색인종에 대한 설명이 그 예이다. 몰몬경에 따르면 흑인이나 아메리카 원주민 등은 하나님의 저주를 받아 피부가 검게 변한 것이다. 하지만 그들이 믿고 회계하여 의로워진다면 그들의 검은 피부는 백인처럼 하얗게 변한다고 한다. 신이 작정하기만 하면 피부색을 바꾸는 것쯤 어려운 일도 아닐 테지만 흑인으로 태어나 백인으로 죽는 경우를 본 적 없는 사람들로선 수긍하기 힘든 말이었을 것이다. 결혼에 관한 내용도 사람들의 의구심을 부추겼다. 몰몬경에 따르면 남자가 최고의 천국이라 불리는 '해의 왕국'에 들어가기 위해서는 한 명 이상의 여성과 결혼해야 한다고 한다. 천국을 가는 것과 부인 여럿을 두는 것이 과연 무슨 관계가 있는 것일까? 신의 말씀이라고는 하지만 납득이 되지 않는 상황이다.

조지프 스미스는 자신과 자신의 종교에 대한 대중의 의심과 그로 인한 악의가 증폭되는 상황 속에서 이미 포섭한 신도들을 지키는 방안이 필요했고, 이를 위해 비밀스러우면서 끈끈한 멤버십을 유지하는 것으로 유명한 사교단체인 프리메이슨*을 참고한다. 그는 프리메이슨에 가입하면서 그 입회 의식을 체험하고, 거기에서 배운 것을 바탕으로 만든 수혜의식을 자신의 신도들에게 베푼다.

수혜의식에서 가장 핵심적인 요소 중 하나는 맹세다. 신도는 몰몬교의 하나님을 영원히 따를 것과 종교 지도자들에게 순종할 것, 그리고 어떻게 보면 몰몬교의 신도 관리에 필수 불가결한 의심하지 않을 것

*
프리메이슨Freemason(자유석공연합)은 유럽에서 석공들의 길드로 시작하여 성인 남성의 우호증진을 위한 전 세계적 사교모임으로 발전한 단체이다. 영화나 소설뿐 아니라 실제로도 수많은 음모론의 배후로 지목되는 경우가 있으나 확인된 바는 없다.

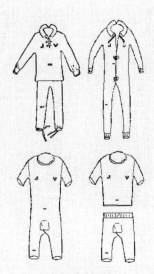

몰몬교 속옷의 변천사

양쪽 가슴과 배꼽 그리고 무릎에 있는 표식은 몰몬교만의 종교적 의미를 담고 있다고
알려져 있으나 이 원본 도안 역시 프리메이슨의 심벌에서 빌려온 것으로 추정 된다.

프리메이슨의 심벌

직각자와 컴퍼스가 겹쳐 있는 모양인데, 이를 따로 떼어 놓으면 놓인 각도는 다르지만
몰몬교 속옷의 양쪽 가슴에 있는 표식과 일치한다.

옷 입은 사람 이야기

등을 엄숙히 맹세한다. 이 과정에서 수여되는 마법의 속옷은 이 맹세의 엄수와 기억을 돕기 위한 장치였다. 속옷은 매일매일 입는 것이고,* 그때마다 자신이 수혜의식에서 한 맹세를 상기하고 되새기는 것이 몰몬교인의 삶인 것이다.

몰몬교의 교리에 따르면 신도는 절대로 속옷을 벗을 수 없다. 육체노동을 하거나 덥다는 이유로 속옷을 벗어 놓는 일은 상상할 수도 없다. 아주 부득이한 경우, 예를 들면 수영을 하거나 샤워를 할 때, 그리고 성교를 위해 잠깐 벗는 것은 허용되지만 독실한 신자들은 이마저도 거부하고 한시도 속옷과 떨어지지 않는다. 목욕을 할 때도 한쪽 손만 사용하고 남은 손으로는 속옷을 쥐고 있을 정도라고 한다. 이 속옷을 이교도의 눈에 보이는 것 또한 금지된 일이다. 하지만 여기에서도 부득이한 경우는 발생한다. 운동 선수들은 팀원들과 공유하는 라커룸에서 옷을 갈아입기 때문에 속옷을 감출 방법이 없다. 몰몬교의 지도자들은 어떤 대처 방법을 내놓았을까? 그들은 간단하면서도 신앙적으로 가르친다. "만일 이교도가 그대들의 속옷을 보고 질문하기 시작하면, 그때부터 전도를 시작하라!"

신성하고 비밀스럽기 때문에 그 기회가 흔치는 않지만 몰몬교도가 아닌 사람이 이 속옷을 보게 되면 의아함이 들고 이에 대해 질문할 수

---

* 신도들은 수혜의식에서 받은 그 한 벌의 속옷만 입어야 하는 것이 아니고, 필요에 따라 추가로 구입할 수 있다. 오직 몰몬교가 소유·관리하는 공장만이 이 속옷을 제작할 수 있고 등록된 몰몬교도만 구입할 수 있다. 따라서 일반인이 이 속옷을 구입할 수 있는 방법은 원칙적으로 존재하지 않는다.

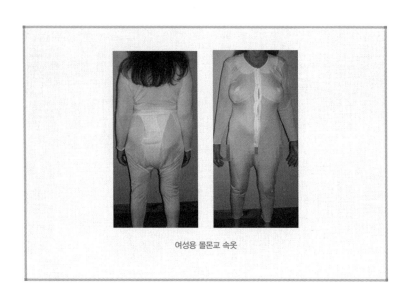

여성용 몰몬교 속옷

밖에 없게 된다. 그 디자인이 특이하기 때문이다. 세월이 흘러 조금씩 개정되어 오긴 했지만 이 속옷의 기본 디자인은 헐렁한 원피스이다. 보기에 생소할 뿐만 아니라 웃웃과 아랫도리가 붙은 일체형이기 때문에 실생활에 있어 비효율적이며 불편한 것은 자명하다. 용변을 볼 때 일반 팬티의 경우 무릎 밑으로 쉽게 끌어내릴 수 있지만 이 속옷은 목에서 시작되어 성기를 지나 엉덩이 부위까지 쭉 이어진 단추 중 상황에 따라 일부 혹은 대부분을 풀어야만 소기의 목적을 달성할 수 있다. 남자들이 겪는 불편함은 대부분 이런 수준에 머문다. 하지만 여자의 경우라면 좀더 지독한 지경까지 감내해야 한다.

남자들은 종교에 관계없이 속옷이 단촐하다. 따라서 별반 고민할 것도 없다. 하지만 여자는 브래지어를 착용한다. 무슨 종교를 가지고 있건 브래지어를 하는 것은 대부분의 여성에게 일상적인 일인데, 이것이 왜 특별히 몰몬교 여인에게만 불편함을 주는 것일까? 그 이유는 브래지어를 속옷 안이 아닌 겉에 착용해야 하기 때문이다. 교리에 따르면 몰몬교의 신성한 속옷은 피부 위에 직접 입어야 한다. 바꿔 말하면 피부와 속옷 사이에 그 어떤 것도 존재해서는 안 된다는 것이다. 경험해 보지 않더라도 속옷 위에 브래지어를 착용하는 불편함은 능히 짐작할 수 있을 것이다. 브래지어가 제 자리에서 가슴을 지탱하지 않고 자꾸 이리저리 겉돌면 어떻겠는가? 거기에 더해 얼마나 갑갑하며 덥겠는가?

속옷과 피부 사이엔 그 어떤 것도 존재해선 안 된다. 그렇기 때문에 여성만의 민망한 고민이 하나 더 발생한다. 이 속옷을 입고 어떻게 생리 기간을 보내야 한단 말인가. 피부와 속옷을 분리시키므로 신성한 속옷 안에 팬티를 입을 수는 없다. 그렇다면 생리대를 부착할 곳*은 이 헐렁한 원피스 속옷밖에 남지 않는데, 생각만 해도 불안하다. 생리대를 몸에 밀착시키기 위해 속옷 위에 팬티를 입어야 하는 상황은 직접적으로 육체적인 불편함을 초래한다. 그리고 이것은 필연적으로 정신적인 스트레스로 이어진다. 속옷 위에 브래지어와 팬티를 입은 자신을

---

* 생리대가 속옷과 피부를 분리시키는 것에 관하여 특별한 금지 조항은 없는 것으로 보이지만 정확하게 알려진 바는 없다. 몰몬교에서 제작한 생리대만 사용해야 한다는 설도 있고 일반 생리대를 착용하는 것도 종교적으로 문제되지 않는다는 설도 있다.

거울로 비춰 보는 것이 즐거운 일은 아니기 때문이다.*

　일상생활에서 겪게 되는 모든 문제에도 불구하고 몰몬교도들은 이 속옷을 입는다. 믿음이 주는 영적인 충만은 육체의 불편함뿐 아니라 정신적인 스트레스마저도 상쇄하기 때문이다. 팬티와 브래지어를 속옷 위에 겹쳐 있었다고 해서 몰몬교 신자들이 스스로를 불행하다고 생각할까? 그들이 느끼는 것은 오히려 갑옷을 입은 것과 같은 안도감이다. 초기 몰몬교에서 설명한 속옷은 신도로 하여금 맹세를 잊지 않게 함으로써 유혹과 악령으로부터 지켜 준다는 영적인 효능만을 강조하는 데 머물러 있었다. 하지만 시간이 흐르면서 물리적인 방어 능력까지 갖춘 것으로 믿어지게 되는데, 이런 방어 영역의 확장은 공식적인 교리에 근거한 것이라기보다는 모든 사건의 인과성을 신앙적으로 해석하는 신도들의 맹신에서 기원한 것으로 보인다. 넘어져 손을 다쳤다면, 보통 사람들은 '운 없이 손을 다쳤다'고 생각한다. 하지만 그들은 생각한다. '속옷이 보호해 주어 다행히 손만 다쳤다.'

　빌 매리어트와 같은 저명인사의 간증은 이런 믿음을 확고히 하는 데 적잖이 공헌했을 것이다. 하지만 이와 같은 신도들의 간증이 '속옷=갑옷'이라는 공식을 탄생시킨 시발점은 아니다. 그렇다면 이 아이디어

---

* 현대에 들어서면서 몰몬교의 속옷도 신도들의 요구를 어느 정도 수용하여 이전보다는 다양한 선택의 자유가 있다고 한다. 위아래가 분리된 투피스 속옷이 있으며 여성들의 편의를 위한 배려도 어느 정도 반영하고 있다. 하지만 브래지어는 여전히 속옷 위에 입어야만 한다. 덧붙여 모든 속옷은 반드시 하얀색이어야 하는데 군인들의 경우 소속 군부대의 규정에 맞는 색의 속옷을 구매할 수 있다. 물론 군대에서도 이들의 선교 활동은 계속 이어진다.

의 기원은 어디일까? 몰몬교의 창시자 조지프 스미스는 여러 건의 금융 사기와 간통 혐의 때문에 감옥에 갇히게 된다. 성난 군중이 그를 죽이러 감옥으로 몰려왔을 때 그는 탈옥을 감행하다 여러 발의 총상을 입고 서른여덟의 젊은 나이로 죽음을 맞이한다. 하지만 무슨 이유인지 그는 때마침 마법의 속옷을 입지 않고 있었다. 이때부터 신도들은 생각했다. '속옷을 입지 않으면 신의 보호를 받을 수 없다!' 스스로 실험 대상이 됨으로써 신성한 속옷의 영험함을 알렸기 때문에 어쩌면 그가 진정한 성인인지도 모르겠다.

일리노이 카타지 감옥에서 죽음을 맞는 조지프 스미스

남겨진 이야기
×××××××

마법의 속옷 때문에 가장 큰 곤욕을 치른 사람이 있다면 그는 아마 2012 미국 대선 후보로 나선 미트 롬니Mitt Rommey일 것이다. 대권을 놓고 오바마와 경합이 한창이던 때, 일부 사람들이 그의 정책이 아니라 몰몬교도인 그의 속옷에 더 큰 관심을 두고 여러 가지 의혹과 농담들을 주고받았기 때문이다. 대부분 남의 종교를 근거 없이 폄훼하는 실없는 것들이었지만 아예 무시하기 어려운 측면도 있었다.

몰몬교도가 아닌 대다수 유권자들은 걱정했다. '만약 미국의 대통령이 속옷의 신묘한 능력을 믿는 사람이라면 과연 그의 이성을 신뢰할 수 있는가' 하고 말이다. 예를 들어 대통령 자리에 올라간 이가 "나는 마법의 속옷을 입었으니 경호원은 필요 없다네"라고 한다면 그를 믿고 따라야 할 국민들은 불안할 것이다.

"내 종교를 보지 말고... 나를 보세요..." "저 후보 옷을 안 입고 있군." "…그리고 속옷은 우스꽝스럽네."

미트 롬니가 적극적인 해명을 한 일이 없기 때문에 그가 속옷을 갑옷으로 믿고 있었는지 아닌지는 알 수가 없다. 하지만 언제나 입고 있다는 사실만은 밝힌 바가 있다. 과연 유권자는 어디까지 알 권리가 있을까? 속옷은 대통령 후보의 개인사이므로 그에 대한 믿음을 밝힐 필요 없는 것일까? 아니면 유권자의 올바른 선택을 돕기 위해 분명히 밝혀야 할까? 정치에 난데없이 속옷이 끼어들 줄이야.

10

{ 히잡을 쓴 역도 선수 }

조지아 공과대학Georgia Institute of Technology에서 컴퓨터 엔지니어링 박사 과정을 이수 중이던 미국인 여성 쿨숨 압둘라Kulsoom Abdullah는 운동에 관심이 많았다. 그녀가 즐기는 종목은 태권도. 검은 띠를 따고 나서 조금 더 효과적인 훈련 방법을 찾던 중 그녀는 역도를 접하게 된다. 태권도에 도움이 될까 해서 시작한 것이었지만 그녀는 역도 자체의 매력에 빠져들었다. 무거운 바벨을 들어 올렸을 때 느껴지는 희열이 그녀를 사로잡았고, 급기야 53킬로그램급 역도 선수로 전향하기에 이른다. 지방 단위의 군소 대회에서 입상하여 전국 대회에 나갈 수 있는 자격을 얻게 되었을 때, 그녀는 역도 선수로서의 성취감을 맛보았고 설레는 마음으로 대회를 기다렸다. 그러던 중 미국 역도협회로부터 전국 대회에 참가할 수 없다는 소식을 듣게 된다. 좀더 정확하게 말하자면 '지금의 상태'로는 참가를 허용할 수 없다는 통보였다. 어떤 대회에서도 부

쿨숨 압둘라

정행위를 한 이력이 없고 금지된 약물을 사용한 적도 없는데, 대체 무슨 이유로 참가를 불허한다는 것일까? 그 이유는 바로 그녀가 이슬람교 신자, 즉 무슬림이었다는 것에 있었다.

미국 수정헌법 제1조는 이렇게 규정한다.

"연방의회는 국교설립에 관하여 혹은 자유로운 종교행사를

금하는 어떤 법률도 제정해서는 안 된다."

이렇듯 분명하게 종교의 자유를 보장하고 있는 미국에서 무슬림이라는 이유로 운동경기에 참가할 수 없다고 통보하는 것이 가능한 일일

까? 사실 쿨숨 압둘라의 경우 문제가 된 것은 이슬람이라는 종교에 있다기보다는 이슬람 율법이 여성에게 강제하고 있는 히자비 스타일^{hijabi} style의 옷에 있었다. 이슬람은 순결하고 정숙할 것을 강력하게 권고하며 이에 부응하기 위해 여성들은 온몸을 가려야만 한다. 물론 언제나 그리해야 하는 것은 아니고 특별한 경우에만 신체를 노출할 수 없는데, 이슬람의 신성한 경전《꾸란》은 이를 상세히 기술하고 있다.

> "믿는 여성들에게 일러 가로되 그녀들의 시선을 낮추고 순결을 지키며 밖으로 나타나는 것 외에는 유혹하는 어떤 것도 보여서는 아니 되니라. 그리고 가슴을 가리는 머리 수건을 써서 남편과 그녀의 아버지, 남편의 아버지, 그녀의 아들, 남편의 아들, 그녀의 형제, 그녀 형제의 아들, 그녀 자매의 아들, 여성 무슬림, 그녀가 소유하고 있는 하녀, 성욕을 갖지 못한 하인, 그리고 성에 대한 부끄러움을 알지 못하는 어린이 외에는 드러내지 않도록 하라. 또한 여성이 발걸음 소리를 내어 유혹함을 보여서는 아니 되나니 믿는 사람들이여 모두 알라께 회개하라. 그리하면 너희가 번성하리라."
>
> (《꾸란》 24장 31절)

 간단히 말하자면, 사촌 이내의 가까운 친척은 괜찮지만 종교를 불문하고 성욕을 가진 남자와 종교적으로 이슬람에 속하지 않은 여자를 대면할 때만 몸을 가리면 된다는 것이다. 어디까지 가려야 하는가에 대해서는 해석하는 개인에 따라 조금씩 달라질 수 있다. 얼굴과 손은 내놓아도 무방하다고 보는 사람이 있는가 하면 몸 전체를 다 가려야 한다고 주장하는 경우도 있다.

히잡(머릿수건)*을 쓰고 몸을 가리는 이런 히자비 스타일은 이슬람을 믿지 않거나 혹은 타 종교를 신봉하는 자들의 관점에서 보았을 때 여성에 대한 지나친 억압으로 비칠 수 있다. 하지만 이슬람의 관점에서 말하는 히자비 스타일은 여성 억압의 상징이 아니라 여성 해방의 도구이다. '한국인을 위한 이슬람' 웹사이트에 게재된 설명을 요약하면 다음과 같다.

> '세상은 점차 험해지고 있고 추행이나 강간 등 여성에 대한 악행이
> 끊임없이 자행되고 있다. 미디어는 여성을 단순히 성적대상으로
> 간주하여 상업적으로 이용할 뿐 여성의 순결을 지키는 데에 관심
> 을 두지 않는다. 하지만 이슬람에서는 히자비 스타일을 입게 함으
> 로써 여성을 해방시킨다. 몸을 가린 정숙한 옷을 입음으로써 여성
> 들은 성범죄의 대상이 되지 않으며 뭇 남성들의 성적 욕망으로 가
> 득한 시선으로부터 자유로워질 수 있다. 또한 외모를 감춤으로써
> 성형이나 화장 등 쓸모없는 일에 몰두 하는 것을 방지하고 남편과

---

* 아랍어 히잡의 본래 의미는 커튼 혹은 장막이다. 《꾸란》을 집대성했다고 알려진 선지자 마호메트의 제자들은 반드시 커튼을 사이에 두고 마호메트의 부인들을 알현했다고 하는데 이것이 히잡의 시초이다. 현대에 들어오며 이 용어는 이슬람 여인들이 착용하는 머릿수건 혹은 몸을 모두 가리는 이슬람식 패션을 통칭한다.

가족들에게 온전히 헌신할 수 있도록 유도한다. 이런 정숙함이 알
라 앞에서 가장 합당한 모습이며 여성을 위한 진정한 해방이다.'

여성 해방을 어떻게 정의하느냐에 따라 위의 관점은 논쟁의 대상이
될 수 있다. 경제, 사회생활에서 배제시키고 성적인 방종으로부터 멀
리할 것을 강제함으로 온전히 남편에게 헌신하고 자녀를 훌륭하게 양
육할 수 있는 환경에 머물게 하는 것이 여성 해방인가? 아니면 자신의
의지에 부합하는 모든 일에 참여할 수 있도록 사회 · 문화적 제약을 철
폐하는 것이 여성 해방인가? 혹자는 전자에 찬성할 것이며 다른 이는
후자에 손을 들 것이다. 하지만 여기서 어느 쪽이 더 타당한지를 논쟁
하는 것은 무의미하다.

과학은 끊임없는 증명의 과정이고, 철학은 사유와 논의의 영역인 반
면 종교는 목숨을 걸고서라도 지켜내는 믿음의 대상이다. 종교인에게
있어서 옳고 그름은 믿음에 따라 결정되는 것이지 논리에 기대어 판단
하는 것이 아니라는 말이다. 윌 듀란트Will Durant는 명저《철학 이야기The
Story of Philosophy》의 서문에서 이렇게 일러둔다. 지혜를 찾아가는 항해에
서 종교적 논쟁은 반드시 피해야만 하는 '요란한 바다'라고.

쿨숨 압둘라는 미국에서 나고 자랐지만 파키스탄 이민자 출신인 부
모의 영향으로 무슬림이 되었고, 일생 동안 신실한 신앙생활을 이어
왔다. 그녀는 복장에 대해서도 샤리아Sharia(이슬람 율법)에 근거하여 스
스로 엄격하게 규제해 왔기 때문에 히자비 스타일로 입는 것을 당연하

게 받아들였다. 종교에 귀의한 자가 그 율법을 따르는 것은 지극히 합당한 일 아닌가! 어떤 옷을 입는가가 그녀의 삶에 문제가 된 적은 없었다. 하지만 역도 선수로서의 행보에는 결정적 걸림돌이 되었다. 온몸을 가려야 하는 의복은 세계 역도연맹의 복장 규정에 명백하게 위배되었기 때문이다.

"경기복은 카라가 없어야 하며
팔꿈치와 무릎을 가리지 않아야 한다."

역도 경기에 있어서 팔꿈치와 무릎은 굉장히 중요하다. 심판이 성공이냐 실패냐를 판정함에 있어 가장 중요한 항목이 몸을 반듯이 편 상태로 부동자세를 유지할 수 있는가에 있기 때문이다. 바벨을 머리 위로 들어 올렸다 하더라도 팔꿈치나 무릎이 완벽하게 펴지지 않았다면 그것은 실패로 간주되는데, 헐렁한 옷으로 이를 가려 버리면 판정에 애를 먹을 수밖에 없다. 세계 역도연맹의 규정에 따라야 하는 미국 역도협회에서 쿨숨 압둘라에게 보낸 참가 불허, 더 정확히 말해 무슬림 옷을 고집할 경우 경기를 치를 수 없다는 통보는 이런 우려 때문이었다.

역도 경기장에 오직 성욕이 없는 남자만, 혹은 부끄러움을 알지 못하는 어린이만, 그도 아니라면 여성 무슬림만 입장해 있는 경우라면 거리낌 없이 팔꿈치와 무릎을 드러낼 수 있을 테지만, 그런 일이 일어날 가능성은 없다. 그렇다면 이슬람의 율법을 어겨 가면서 남자들의

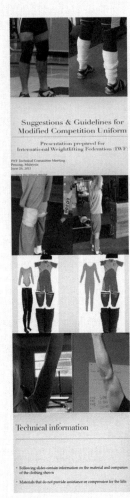

쿨숨 압둘라가 제작한 프레젠테이션 자료 중 일부

옷 입은 사람 이야기

성욕 앞에 맨살을 드러낼 것인가, 아니면 경기를 포기할 것인가? 당신이라면 어떤 선택을 하겠는가?

쿨숨 압둘라는 주어진 상황에서 답을 찾는 대신 새로운 선택지를 만들어 낸다. 세계 역도연맹의 복장 규정을 바꾸기로 마음먹은 것이다. 우선 그녀가 해야 할 일은 피부를 드러내지 않으면서도 심판진의 판단을 용이하게 할 수 있는 대안을 찾는 것이었다. 그녀는 몇 가지 아이디어를 생각해 낸다. 우선 몸매가 드러나지 않는 넉넉한 반팔과 반바지로 된 역도복 안에 타이츠를 입는 것이다. 신체에 밀착된 얇은 타이츠는 팔꿈치와 무릎의 윤곽이 그대로 드러나므로 판정에 방해가 되지 않는다. 다른 하나는 헐렁한 반팔 상의 안에 타이츠를 입어 팔꿈치를 드러내고, 헐렁한 바지의 무릎에는 붕대를 감아 조이는 것이다. 그러면 무릎이 펴져 있는지를 판단하는 데 지장이 없다. 반바지와 반팔을 입는 일이 그저 일상일 뿐인 사람들의 관점에선 이게 무슨 난리인가 싶기도 하겠지만, 그녀에게는 이 모든 과정이 종교 안에서 꿈을 찾는 모험이었다.

그녀의 모험은 자연스럽게 사람들의 이목을 끌었고 급기야 CNN, abc 뉴스와 같은 메이저 언론사들의 조명을 받게 된다. 일이 이렇게 되자 좌불안석인 것은 오히려 세계 역도연맹. 단 한 명의 요청으로 규정을 바꾼 전례가 없는 상황이었지만, 여론의 흐름은 쿨숨 압둘라에게 유리하게 흘러갔다. 여기저기서 이 열정적인 무슬림을 돕겠다며 후원자가 몰려들었고, 사람들은 그녀와 함께 '공정한 기회'를 외쳤다. 도움을 자청하고 나선 무슬림 변호사와의 상의를 통해 그녀는 자신의 아이디어를 43페이지에 달하는 프레젠테이션에 담았고, 이를 2011년 말 레이시아 페낭에서 열린 세계 역도연맹 총회에 제출한다. 결국 연맹은 이례적으로 그녀의 제안을 수락하게 된다. 맨살을 드러내지 않고 바벨을 들 수 있는 최초의 여인이 탄생한 것이다.

　검은색의 히잡, 같은 색의 역도복, 그리고 그 안에 연노랑 타이츠를 입은 여자 선수가 2011년 6월 15일 아이오와 카운실 블러프에서 열린 전미 챔피언십 역도대회장으로 들어섰다. 히잡을 쓴 최초의 역도 선수는 인상에서 41킬로그램, 용상에서 57킬로그램을 기록한다. 비록 6명의 선수 중 5위에 그쳤으나 사람들은 그녀의 용기와 도전에 환호했다.

전미 챔피언십 역도대회에 출전중인 쿨숨 압둘라
맨살은 아니지만, 타이츠를 입어 팔꿈치의 윤곽이 선명하게 드러나므로
판정에 방해가 되지 않는다.

어디를 둘러보아도 답이 없는 경우는 존재하지 않는다는 것을 몸소 보여 준 것에 대한 칭찬이었다.

남겨진 이야기
××××××××

쿨숨 압둘라는 승리했지만 거의 같은 시기에 패배의 아픔을 겪은 여인들도 있었다. 2011년 6월 3일, 이란 여자 축구팀은 2012 런던올림픽 예선전을 위해 요르단과의 일전에 임한다. 하지만 팀은 입장과 동시에 실격패를 당하게 된다. 히잡을 착용한 그녀들의 복장이 FIFA 규정에 위배되었던 것이다. 그녀들은 벗을 수 없는 히잡을 쓴 채 엎드려 울었고, 요르단은 땀 한 방울 흘리지 않고 3:0의 승리를 거머쥐었다.

실격패를 당한 후 눈물을 흘리고 있는 이란 여자 축구팀

11

{ 시리아 여인의 화려한 속옷 }

레반트 지역*의 한 가운데, 인간의 역사만큼이나 오래된 도시가 있다. 전설의 술탄 살라딘이 통치했던 영토, 도저히 다 파낼 수 없을 만큼의 유적을 품고 있는 역사의 보고寶庫, 그리고 이슬람 4대 성지 중 하나인 우마이야 모스크Umayyad Mosque가 서 있는 신성한 땅, 시리아의 수도 다마스쿠스이다. 수시로 신을 향해 기도를 하고 율법에 따라 히잡비 스타일로 온몸을 감싸고 있는 신실한 여성들, 만일 그 성스러운 옷속을 들추어 보면 어떤 일이 벌어질까?

경찰에 잡혀간다. 세계 어느 나라나 마찬가지다. 시리아는 이슬람 국가이기 때문에 여성들의 노출을 볼 수 없다. 야하게 차려입은 여성이

---

* 레반트는 지리학 용어로 중동 중에서도 터키와 이집트 사이의 동부 지중해를 가리킨다. 시리아를 비롯하여 요르단 이스라엘 레반논 등이 이 지역에 위치해 있다.

방송에 출현하는 일도 없고, 결혼을 하지 않은 이상 성적인 접촉을 할
수도 없기 때문에 어떤 속옷을 입는지 궁금하다 해도 알 방법이 없다.
겉에 보이는 옷은 너나 없이 히잡에 짙은 색 장옷인데, 과연 그 안은
어떨까? 겉옷만큼이나 경건할까? 답부터 얘기하자면 그녀들의 속옷은
대단히 진보적이고 신기할 만큼 독창적이며 남부끄러울 정도로 선정
적이다.

수끄Souk는 시장을 뜻하는 말로, 아직 대형 마트나 백화점이 일반화
되지 않은 시리아인들에겐 생활의 구심점이다. 그중에서도 속옷거리
는 가장 화려하고 분주하다. 수많은 사람들이 사고팔기에 열중인 속
옷의 디자인을 살펴보자. 우선 가장 잘 팔리는 아이템 중 하나는 새bird
팬티다. 나무 잎사귀로 둥지를 만들고 진짜 깃털로 장식된 어린이 주
먹 크기의 새 모형을 얹어 놓은 팬티다. 새 장식은 계속해서 반복되는

모스크 앞에서 대화하고 있는 시리아 여성들

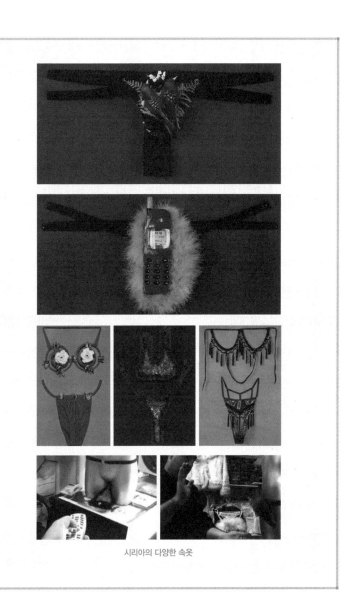

시리아의 다양한 속옷

행복한 구속, 종교

테마인데, 그 이유는 시리아에서 여성의 음모를 '새둥지'라는 속어로 부르기 때문이다. 새둥지에는 새가 있어야 어울린다는 발상이다. 이 외에도 고무로 만든 벌레, 꽃, 유리 등 장식의 종류는 끝이 없다.

또 다른 종류로는 먹는 속옷이 있다. 천 자체를 먹지는 않지만 속옷에 초콜릿이나 캔디를 달아 놓고는 먹으면서 성생활을 즐길 수 있게 해주는 것이다. 식용 가능한 마사지 크림이 매달려 있는 경우도 있다.

첨단 기술이 동원된 속옷도 많다. 조그만 전구를 달아서 빛이 나는 팬티, 손으로 꽉 쥐면 동요가 흘러나오는 브래지어, 벨소리가 나는 장난감 핸드폰을 달아 놓는 경우는 흔하다. 조금 더 신기한 속옷은 리모콘 팬티다. 리모콘과 이에 반응하는 팬티가 한 세트인데, 스위치를 누르면 팬티가 벗겨지도록 되어 있다. 또한 '박수 팬티'도 있다. 팬티 앞에서 '짝' 하고 박수를 치면 팬티가 벗겨진다. 벗겨지는 과정은 단순하다. 팬티를 허리 밴드와 살을 지나는 끈으로 이루어졌다고 생각했을 때, 박수 소리가 나면 허리 밴드와 살 끈의 앞쪽 연결이 해제된다. 그러면 여성의 성기가 정면으로 드러난다.

창의력 대회라도 하는 듯 실로 다양한 아이디어가 선정적인 속옷으로 완성되어 있다. 너무도 단조로운 겉옷과 비교하면 놀라울 따름이다. 이렇게 속옷 문화가 발달하게 된 원인은 어디에 있을까? 인프라가 잘 갖추어져 있기 때문이라는 견해도 있다. 의류 제품의 주재료는 목화이고, 이 작물은 시리아에서 풍부하게 경작된다. 국토의 넓이는 세계 89위로 그리 넓다고 볼 수 없지만, 목화 생산량만큼은 세계 9위여서 많은 양을 수출하면서도 자국의 수요를 충분히 감당한다. 게다가 값싼 노동력이 풍부하니 의류 산업이 발달하기에 충분한 조건이라는 것이다. 하지만 왜 굳이 속옷인지에 대한 설명은 될 수 없다. 이보다 더 이치에 맞는 설명은 크게 두 가지이다.

우선 시리아 여인들의 미의식이 반영된 결과라는 것이다. 전통적으로 시리아를 비롯한 아랍 문화권 여성들은 섹시한 차림을 즐겨 입었고, 이런 성향이 (겉옷에 표출될 수 없는 종교적 사회 분위기 때문에) 속옷에 집중적으로 반영되어 있다는 설명이다. 근대 서구의 예술작품을 보면 그녀들이 얼마나 화려한 속옷을 입었는지 볼 수 있다.

그림 속의 여인들은 모두 몸의 아름다움이 쉽게 드러나는 옷을 걸치고 있다. 섹시하다. 속옷에 그네들의 미의식이 반영되어 있다는 설명을 충분히 뒷받침하고도 남는다. 하지만 이런 견해는 필연적으로 오리엔탈리즘의 결과를 확대 해석한 것이라는 비판을 받을 수 있다. 오리엔탈리즘이란 1970년대 후반 컬럼비아 대학교의 에드워드 사이드 Edward Said 교수가 제안한 사회 현상으로, 동양 특히 아랍 문화를 바라보는 왜곡된 프레임을 말한다. 간단히 아랍의 모습을 서양의 입맛대로 표현하는 풍조라 이해할 수 있을 것이다. 실제로 서양의 문학, 예술, 학문에 등장하는 비서양의 모습은 수동적이고 원시적이며 비도덕적이다. 특히 아랍의 여성은 대부분 에로틱하게 그려지고 있다. 하렘Harem* 에 기거하는 그녀들은 한가하게 노닥거리며 본능적으로 사랑을 갈구할 뿐 그 어떤 생산적인 모습도 보여 주지 않는다. 1900년대 초기에 출

모리츠 스티프터, 〈하렘의 여인들〉

판된 바타 브라운의 수기 《하렘릭: 터키 여인의 삶의 일면Haremlik. Some
pages from the life of Turkish women》에는 시리아와 인접한 터키 여인에 대한 굴
욕적인 평가가 나온다. "(터키) 여인은 영혼이 없다. 오직 감정과 감각
뿐이다." 사랑에 대해서는 더욱 지독하게 폄하한다. "(남녀가 만나면) 여
자는 마치 동물처럼 자신의 본능에 복종한다."

이런 왜곡된 프레임을 가지고 아랍 여인과 서양 남자의 관계를 설정
해 보자. 아름답지만 문란하고 언제나 사랑에 목말라 있는 여인이 있
다. 서양 남자가 가서 보듬어 주는 일, 경우에 따라서는 강제로 범한다

●
하렘은 일부다처제 사회에서 여러 부인들이 사용할 수 있는 공간을 의미한다. 남자의 출입은 허락되지 않는다.

고 해도 그리 잘못되었다고 볼 수 없다. 그녀에게는 사랑만 주면 되기 때문이다. 이 프레임을 국가 간의 관계로 확대시켜 보자. 수동적이고 원시적이며 비도덕적인 아랍 국가들을 진취적이고 개화되었으며 도덕적인 서양 국가가 수고스럽게 지도 편달하는 일, 경우에 따라서는 식민지 삼는 것이 친절이지 침략인가?

오리엔탈리즘은 식민주의Colonialism의 도구로 기능했다. 참고로 위의 그림은 서양의 화가가 그린 것이고 이와 비슷한, 섹시한 아랍 여인을 그린 그림은 제국주의가 맹위를 떨치던 1900년을 전후로 많이 생산되었다. 에드워드 사이드 교수의 설명에 따르면 식민지에 대한 지배국의 우위는 군인과 대포에 의해서 확보되지만 침략의 정당성은 이미지에서, 정확히 말해 왜곡된 이미지에 의해서 생산된다. 석굴암과 같은 문화의 결정체는 훼손하고 조선 기생의 사진을 우편엽서로 만들어 대량으로 배포하던 일제의 전략도 이와 일맥상통한다고 볼 수 있다. 정리하자면 시리아의 지나치게 야한 속옷 문화를 보면서 그녀들이 본능적으로 섹시한 차림에 집착한다고 보는 것은 어느 정도 오리엔탈리즘의 영향을 받은 왜곡된 평가일 수 있다는 것이다.

속옷 문화가 발달한 원인, 그 두 번째 설명은 이슬람이라는 종교가 강제하고 있는 성역할에서 찾을 수 있다. 다마스쿠스 이슬람연구소 소장인 모하메드 하바쉬는 여성들이 섹시한 속옷을 구매하는 것을 적극적으로 찬성하면서 말한다. "여성은 그들이 원하는 무엇이든 구매할 수 있다." 그러면서 덧붙인다. "단 그것이 그녀들의 남편을 위한 것이라면……." 현지의 판매상들에 따르면 속옷이 가장 잘 팔리는 시기는 10월에서 12월 사이라고 하는데, 이때는 시리아의 결혼 시즌이다. 섹시한 속옷은 새 신부들이 반드시 갖춰야 하는 혼수이고, 많게는 30여 벌씩 구매한다고 하니 장사가 잘될 수밖에 없다. 이렇게 기이할 만큼 관능적인 속옷이 많이 필요한 이유를 물어보면 현지인들의 대답은 한결같다. "여자의 의무는 남편을 즐겁게 해주는 것이다." 이런 사회 분위기 속에서 만일 남편이 바람을 피운다면 비난은 어디로 갈 것인가? 남자를 만족시키지 못한 여자의 탓이 되는 것이다. 거기에다 부인들의 마음을 더욱 애타게 만드는 사실이 있다. 남자는 많게는 네 명까지 부인을 둘 수 있다.

시리아의 속옷, 아니 여성 속옷 문화가 발달하게 된 이유는 무엇일까? 위에서 소개한 두 가지 설명, 즉 전통적인 미의식과 이슬람 문화에 의해 강제된 성역할 그 중간 어디쯤에 해답이 있을 것이지만 그 누구도 단정적으로 말할 수는 없을 것이다. 옷을 입는다는 것은 생각보다 복잡하다.

그런 사람이야 설마 없겠지만, 시리아 여인 특히 갓 결혼한 여자가 지나간다고 해도 '정말?' 하며 박수를 쳐보는 추태는 자제하자.

남겨진 이야기
✕✕✕✕✕✕✕

속옷을 제작하는 일은 소규모의 가족경영 공장에서 주로 이루어진다. 그다음 단계는 마케팅인데 어떻게 홍보를 할까? 여느 곳과 다름없이 사진을 찍어 브로슈어를 배포한다.

사진을 보면서 미적 기준이 우리와는 조금 다르다는 것과 전문 모델이 아니라는 것 외에 또 하나 감지할 수 있는 것이 있다. 그렇다. 시리아 여인들이 아니다. 모델은 필요한데 무슬림 여인을 쓰는 것은 불법이다. 그러다 보니 시내의 나이트클럽이나 호텔에서 스카우트한 비무슬림 외국 여성들이 무슬림 소비자를 위해 모델을 하는 것이다. 입는 것은 권장되지만 입은 모습을 공개하는 것은 불법인 옷, 시리아 속옷이다.

시리아 속옷 광고 사진들

제4부

정상과 비정상을 나누다?

12

{ 작전명 코테카 }

인도네시아 정부는 대규모 군사작전을 계획하고 인근에 위치한 열대우림의 광활한 섬 뉴기니로 향했다. 작전명은 코테카Koteka. 작전의 목적과 시행 방법은 작전에 참여한 말단 병사까지 모두 확실히 알고 있었지만 그 누구도 작전이 완수되기까지 얼마나 시간이 걸릴지는 모르고 있었다. 1971년 7월, 뉴기니의 깊은 밀림에서 완전히 비무장 상태였던 원주민 다니Dani족과 맞닥뜨렸을 때 인도네시아 무장 군인들은 한 치의 망설임도 없이 반바지를 꺼내 흔들었다. 다니족의 여자들을 마주치게 되었을 때는 군장을 뒤져 원피스 치마를 꺼내어 보였다. 이 무슨 흔치 않은 풍경인가?

말레이 열도에 자리 잡고 있는 뉴기니는 우리나라 면적의 일곱 배에 이르는 넓은 섬으로, 세계 열강들로부터 많은 시달림을 받아야 했다. 지리적으로는 오스트레일리아와 인도네시아의 중간쯤에 위치해 있음에도 불구하고 정작 그 땅의 주인이라 자처했던 나라는 네덜란드, 독일, 영국 등이었다. 사실 그곳에는 이미 몇 만 년 전부터 사람이 살고 있었으므로, 그 누구도 제 마음대로 영유권을 주장할 수 없었지만 제국주의 시대의 패권 경쟁 속에서 힘없는 원주민들은 영문도 모른 채 땅을 빼앗겼고, 강대국들은 노략질한 남의 땅을 제 멋대로 재단했다.

제국주의의 몰락으로 네덜란드의 서부 뉴기니에 대한 지배력이 약해졌을 때, 인도네시아 정부는 그 땅이 오랫동안 자국의 영향 아래 있었다는 것을 근거로 줄기차게 이양을 요구한다. 결국 1962년 8월 15일에 있었던 뉴욕조약New York Agreement에서 국제연합(UN)은 인도네시아의 손을 들어주었고, 몇 년 후 서부 뉴기니에서 시행된 다분히 형식적인 국민투표를 통해 뉴기니섬의 서쪽 절반이 인도네시아로 완전히 편입된다. 현재 뉴기니 섬의 한 가운데에는 일직선에 가까운 북남선이 그어져 있는데 그 선의 동쪽 뉴기니가 바로 파푸아 뉴기니라는 독립국이고 그 서쪽이 인도네시아 영토다.

그 큰 섬의 절반을 얻게 되었을 때 인도네시아 정부는 뛸 듯이 기뻐했다. 그러나 한 가지 고민이 있었으니 그건 바로 코테카였다. 코테카란 기다란 조롱박으로 만든 뉴기니 섬의 전통 남자 의상이다. 원주민들에겐 그저 평범한 일상복일 뿐인데 문명화된 인도네시아 사람들의 눈에는 지극히 미개해 보였나 보다. 그도 그럴 것이 코테카는 옷이라고 불리기에 그 가리는 면적이 너무나도 적었다. 조그만 조롱박의 끝을 뚫고 페니스 위에서부터 쏙 씌워 놓는 것이 옷을 입는 일의 전부인데, 그렇게 되면 옷을 다 입었음에도 불구하고 엉덩이는 물론 고환까지 훤히 보인다. 위아래 모두를 꼼꼼히 가린 사람들로선 쳐다보는 일이 고역일 수밖에 없다.

새로이 얻게 된 영토의 원주민을 어떻게 하면 신속히 계몽할 수 있을지 고민하던 인도네시아 정부는 코테카 퇴출을 가장 긴급한 과제로 설정하고 대대적인 작전에 돌입한다. 그들의 계산은 이런 것이었다. "공장에서 생산된 깨끗한 현대식 반바지를 공짜로 나눠주면 원주민들 스스로 흉물스러운 코테카를 포기하게 될 것이다." 군인들은 날이면 날마다 깊은 밀림 속 오지를 돌며 반바지 등 현대식 옷을 나누어 주었다. 그러기를 2년, 과연 어떤 일들이 벌어졌을까? 결론부터 말하자면

코테카의 모양과 코테카를 착용한 다니족 남자들

코테카 작전은 완벽히 실패했다. 남자들은 여전히 코테카를 입은 채 반바지를 머리에 쓰고 다녔고, 여자들은 원피스를 배낭처럼 묶어 과일 따위를 담는 가방으로 사용했다.

문명인의 눈으로 보면 현대식 반바지가 훨씬 더 품위 있고 실용적이 겠지만 원주민의 눈으로 보았을 때는 코테카보다 나을 것이 전혀 없었 다. 우선 반바지는 너무 거추장스러웠고 입는 이유조차 알 수 없었다. 더 큰 문제는 원주민이 생활하는 정글이라는 환경에 현대식 옷은 어 울리지 않았다. 더러워지면 그저 냇물에 휘휘 헹구는 것만으로 충분한 코테카는 밀림에서 편리하면서도 깨끗하게 입을 수 있었다. 하지만 현 대식 반바지는 그렇지 못했다. "더러워지면 세탁을 해야 한다. 세탁을 하려면 비누가 있어야 한다. 비누를 구하려면 돈이 있어야 한다. 그런 데 …… 돈이 뭐지?" 돈이나 경제에 대한 관념이 전무했던 원주민들에 게 현대의 옷은 그저 이질적인 불편함만을 상징했다. 작전 개시에 앞 서 총책임자였던 인도네시아 육군 준장 아쿱 자이날^{Acub Zainal}은 자신감 에 넘쳐 천명했다. "2년 뒤엔 섬 안에 옷을 벗은 채 활보하는 원주민은 더 이상 없을 것이다." 하지만 그의 예상과는 달리 몇 년이 지나도록 원주민들은 코테카를 포기하지 않았다.

페니스를 부각시킴으로서 심히 민망해 보일 만한 옷이 오직 원시 부 족 사이에서만 있었던 것은 아니다. 문화를 꽃피우던 르네상스 시대 의 유럽에도 코드피스^{Codpiece}라는 것이 존재했다. 코드^{Cod}는 중세 영어 로 고환을 의미하므로 코드피스를 있는 그대로 우리말로 하면 '고환

조각', 좀더 의미에 맞게 바꾸면 '고환을 덮는 천 조각'이라 할 수 있다. 이것의 시작은 소박했다. 지퍼는 존재하지 않았고 단추를 사용해 여미지도 않았던 당시의 바지는 가운데 부분이 툭 트인 상태로 제작되어서 바지 하나만으로는 남성의 성기 부분을 가릴 수 없었다. 하지만 노출에 대한 염려는 없었으니 이는 앞섶이 긴 웃옷을 입어 바지가 벌어지는 가운뎃부분을 덮을 수 있었기 때문이다. 하지만 유행이 변화하여 점점 웃옷이 더 짧아지면서 문제가 대두되었다. 이전에는 가려서 보이지 않던 바지의 가운데 틈이 짧은 웃옷 밑으로 언뜻언뜻 보이게 된 것이다. 왕실의 식사나 파티와 같은 품위 있는 자리에서 흉측하게 드러나는 성기라니.

그래서 천을 삼각형으로 재단하여 만든 코드피스가 보급되기 시작한다. 바지가 갈라진 틈 위에 코드피스를 덧대어 놓고, 단추나 끈 등으로 고정하여 의도치 않은 노출을 막았던 것이다. 하지만 남들보다 더 좋은 코드피스를 입겠다는 경쟁의식이 생겨나기 시작했다. 귀족들은 코드피스를 조금씩 장식하기 시작했고, 나중에는 점점 더 이상한 모양새로 탈바꿈시켰다. 결국 1500년대 중반에 이르렀을 때에는 단정하기 위해 만들어진 코드피스가 과장되고 우스꽝스럽게 페니스를 꾸미는 하나의 장식품이 된다.

영국의 왕 헨리 8세는 남들보다 더 크고 화려한 코드피스를 착용한 것으로 유명하다. 회화 작품을 통해 보이는 그의 모습에선 코드피스가 당당히 솟아 있다. 특히 영국 왕립 무기고박물관Royal Armouries에 전시되어 있는 헨리 8세의 갑옷을 보면 성기 부분이 어른 주먹보다 더 크게 돌출되어 있는 것을 볼 수 있다. 이것은 분명 필요 이상으로 많이 과장되어 있는 것인데, 무엇 때문에 그가 이런 차림을 했는지에 대해서는 아직도 의견이 분분하다.

인류학자인 그레이스 비카리Grace W. Vicary는 성병 때문이라고 설명한다. 헨리 8세는 성병으로 고통 받았고, 그 치료약을 코드피스의 남는 공간에 채우고 다녔다는 것이다. 다른 설명은 부셰 프랑수아Boucher Francois 등의 역사학자가 제시한 것으로 헨리 8세가 자기 자신의 성적 능력을 과시하고 싶었기 때문이라는 것이다. 그는 굉장한 호색가로 알려져 있고, 결혼을 여섯 번이나 할 만큼 정력적이었음에도 왕위를 이어 줄 아들을 얻지 못해 많이 괴로워했다고 한다. 오랜 기다림 끝에 에드워드 6세를 얻기는 했지만 심히 병약하여 주변의 걱정을 받았다. 상황이 이렇다 보니 '남자 구실도 제대로 하지 못하는 왕'이라는 수군거림에 시달렸고, 주변의 이런 오해를 불식시키고자 커다란 코드피스를 애용했다는 것이다. 마지막 설명은 당시에 널리 퍼졌던 미신 혹은 전설에 기인한다. 정력이 센 사람이 전쟁에서 이긴다는, 어찌 보면 말이 될 것도 같지만 달리 생각해 보면 다분히 억지스러운 풍문. 위의 것 중 어느 것이 정확한 설명인지 단정할 수는 없다. 하지만 하나 분명한 것은 헨리 8세의 코드피스는 많은 남성들의 차림새에 영향을 준 그 시대의 아이콘이었다는 것이다.

1558년 영국에서 엘리자베스 1세가 여자의 몸으로 왕에 등극하고,

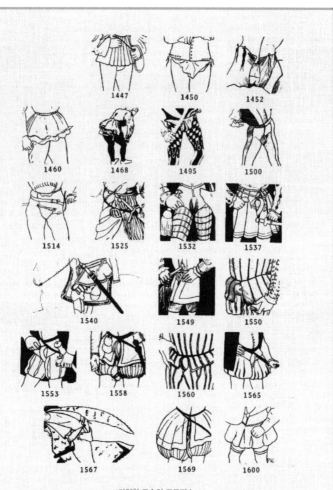

다양한 모습의 코드피스

1400년대 중반 간단한 천이었던 것이 1500년대를 거치면서
패드를 채워 부풀어진 것을 알 수 있다.

옷 입은 사람 이야기

헨리 8세의 초상화와 플레이트 아머

1574년 프랑스에서 호모섹슈얼로 알려진, 그래서 여성성이 강했던 앙리 3세가 즉위하면서 이 우스꽝스러운 남자의 전유물은 자연스레 사라지게 된다. 하지만 그 흔적은 아직까지도 찾아 볼 수 있는데 가장 대표적인 것이 게이 문화다. 페니스가 도드라지게 장식된 가죽 팬티를 입고 그들은 새로운 유형의 남성성을 여성이 아닌 남성에게 과시하며 즐기고 있다. 참고로 성적 소수자들이 가죽옷을 즐겨 사용하므로 그들의 문화를 '가죽 문화leather culture or leather subculture'라 지칭한다.

현재에 이르기까지 뉴기니의 코테카는 어떤 길을 걸어왔을까? 공짜 옷을 제공하는 군사 작전이 해내지 못한 일을 해낸 것은 학교였다. 부모 세대의 원주민은 삶의 방식을 바꿀 수 없어 코테카를 고집했지만,

인도네시아와 합병한 이후 학교를 다니게 된 아이들은 새로운 환경을 거부감 없이 받아들였고, 자연스레 현대식 옷을 입고 성장하였다. 그러면서 자신들의 유구한 역사를 벗어 과거 속에 묻어 버렸다. 아이들에게서 버림받은 코테카는 현재 노인들만의 전유물이 되었고, 관광객들이 사진을 찍어대는 관광 상품으로 대접받고 있다.

남겨진 이야기
✕✕✕✕✕✕✕✕

자신들의 전통 의상을 빼앗긴 힘없는 사람들은 많다. 이번에도 군사 작전이 문제였다. 물론 이것은 진짜로 총을 들고 싸우는 군사 작전이다. 중국, 라오스, 베트남의 국경이 맞닿는 산악지대에는 몽족이라는 소수 민족이 평화롭게 살고 있었다.

이들은 전통적으로 아주 화려한 의상을 입는 것으로 유명했는데, 다채로운 염색 기술과 아플리케 그리고 자수에 특히 능했다고 한다. 그런데 전쟁이 발발한다.

미국이 베트남을 침공한 것이다. 전쟁에서 고전을 면치 못하던 미국은 CIA의 주도 아래 '비밀전쟁'이라 이름 붙인 비밀 작전을 펼치는데, 그것은 몽족 남자들을 모아 게릴라전을 펼치도록 한 것이었다. 순진한 사람들은 미국이 주는 무기를 들고 미군의 적인 베트남 공산당과 싸웠다. 그러면서 수만 명의 몽족 남자들이 죽었다. 그러던 어느 날 갑자기 미군이 전면적으로 철수해 버린다.

오도카니 남아 버린 몽족. 미국 편에 붙었다는 이유로 도끼눈을 뜨고 쫓는 베트남 공산당. 도망자의 삶을 살게 된 그들은 전통의상을 지키며 살 땅도, 돈도, 여유도 잃어버리고 말았다.

홍콩 박물관에 전시된 몽족 전통의상과 난민 캠프에서 살고 있는 몽족의 모습

13

{ 페루크, 머리 없는 남자들의 사연 }

유전이든 후천적인 것이든 모발이 빠져 대머리가 되는 것은 어지간히 신경이 쓰이는 일이다. 세계 곳곳에서 그 치료법을 찾고 있지만 대단한 발전은 없었던 것인지, 아직까지 많은 사람이 가발을 궁여지책으로 삼고 있다. 남의 머리칼을 빌려 제 머리를 단장하는 이런 노력은 상당히 탈모가 진행된 후에야 비로소 시작되는 것이 마땅한데, 고대 이집트에서는 굳이 대머리가 아니어도 가발을 착용했다고 한다. 머리를 밀고 생활하다가 필요한 경우에만 가발을 착용하는 것이 더운 기후 속에 지내야 했던 그들에게는 더 현명한 선택이었던 것이다.

사람의 모발이 주로 사용되기는 했지만 남이 보기에 진짜가 아님이 확연히 드러나는 동물의 털이나 야자수 잎을 가늘게 쪼개 엮은 다발도 가발의 재료로 사용되었다. 내 것도 네 것도 서로 가발임을 아는 처지에 굳이 진짜 머리인 것처럼 꾸밀 필요는 없었던 것이다. 그 지역의 특색이었던 가발은 어느 순간 가발이 일반화되지 않은 로마의 문화가 스며들고 동시에 이집트 문명이 쇄락하면서 역사 속으로 자취를 감추는 듯하였다. 하지만 오랜 세월이 지난 후 가발은 다시 한번 전성기를 구가하게 되는데, 그 시작점은 유럽의 한복판 프랑스였다.

프랑스 부르봉 왕조의 두 번째 왕, 루이 13세는 그의 나이 겨우 아홉 살이었던 1610년에 아버지를 잃고 왕위에 올랐다. 열여섯 살이 되던 해에는 정치적인 이유로 어머니를 유배 보내는 등 굴곡진 삶을 살았다. 그 때문이라고 단정할 수는 없지만 어찌된 일인지 20대 중반부터 머리가 빠지기 시작했고, 이는 그에게 심각한 고민거리가 되었다. 그렇지 않아도 이미 말 한마디 똑바로 내뱉기 힘든 말더듬이에 치열도

이집트에서 발굴된 가발
머리카락과 거친 식물섬유를 섞어 만들었다.

뒤틀린 덧니배기이다. 그런데 거기에 더해 머리까지 숭숭 빠져 버리니 왕으로서의 채신이 말이 아니었던 것이다.

그래서 찾게 된 묘책이 바로 페루크Peruke, 가발이었다. 그가 의도한 것은 결코 아니었지만, 이는 곧바로 유행이 되어 걷잡을 수 없는 지경에 이른다. 왕이 가발을 착용하니 왕권에 빌붙던 아첨꾼들이 하나둘 따라 하기 시작했고, 얼마 지나지 않아 궁전 안의 모든 남자들이 가발을 쓰고 다니는 기이한 일이 벌어지게 된 것이다. 머리가 벗겨지고 안 벗겨지고는 별개의 문제였다. 지금이나 그때나 유행을 따르지 않는 것은 뒤처지는 것이었으니까.

태양왕 루이 14세가 등극했을 때 이 유행은 한때 위기를 맞기도 한다. 아버지였던 루이 13세와는 달리, 어린 왕의 머리칼은 건강하여 탄력이 있었고 풍성하여 매력적이었다. 그 스스로도 자신의 머리를 자랑스레 여겨 도무지 가발 쓰는 작자들을 이해하지 못하였다. 이쯤 되면 입속의 혀와 같은 아첨꾼들이 가발을 벗어던질 듯도 한데 그들은 이미 그럴 수 있는 상황이 아니었다. 진짜 머리를 깨끗하게 미는 것이 가발을 쓰는 데 유리했기 때문에 왕을 제외한 거의 모든 사람이 대머리였던 것이다. 가발 기술은 날로 발전하여 신하들의 헤어스타일은 점점 더 화려해지는데, 정작 자신은 항상 그대로이니 왕도 더 이상 버티지 못하고 가발에 손을 대기 시작한다. 처음엔 그저 부분 가발 조금을 조심스레 덧대는 것에 그치더니 어느새 익숙해져 버렸는지 30대 중반에 이르러서는 머리를 아예 밀어 버리고 만다. 그 후 머리 없는 왕이 할 수 있는 일은 정해져 있었다. 40명에 이르는 가발 장인을 고용해 본격적인 가발 애호가의 길을 가는 것뿐이다. 이때부터 머리를 밀고 가발을 쓰는 유행이 프랑스 전역으로, 또 유럽으로 퍼져 나갔다.

거리는 가발 가게로 넘쳐나고, 가발만을 위한 옷장이 귀족의 집집마다 새로 설치되는, 말 그대로 가발의 전성시대가 도래했다. 그러자 웃지 못할 일들이 벌어지기 시작한다. 가발 도둑이 기승을 부리게 된 것이다. 당시의 백정들은 고기를 운반할 때 커다란 나무 판자를 어깨에 짊어지고 다녔는데, 도둑들은 그것을 이용했다. 판자 위에 고기 대신 몸집이 작은 어린 아이를 숨기고 어슬렁거리다가 값비싼 가발이 지나갈라 치면 그대로 낚아채는 것이다.

루이 14세
어린 루이 14세와 가발을 쓴 40대 중반의 루이 14세의 그림을 비교해 보면
머리가 과도하게 풍성해진 것을 알 수 있다.

난데없이 민머리가 드러나게 된 가발 주인이 허둥댈 때 고맙게도 낯선 사내가 나타나 이리 밀고 저리 치며 가발을 찾아주겠노라고 부산을 떨지만, 그도 다름 아닌 도둑의 일당. 이미 가발은 판자 위에 얹힌 채로 사라져 버린 후다. 그럼 얼마를 벌자고 이런 일을 감행했을까? 1700년대 중반 당시 최고급 가발의 가격은 50파운드 정도였다. 현재의 우리 돈으로 환산하면 약 1300만 원이다.

가발이 이렇게 비쌀 수밖에 없던 이유는 품질 좋은 모발을 쉽게 구할 수 없었기 때문이다. 최고급 가발을 만들기 위해 필요한 것은 건강한 사람의 길고 윤기 있는 모발인데, 그 누가 머리를 팔고 싶어 했을까? 더 풍성한 머리를 갖기 위해 남의 머리까지 모아다 뒤집어쓰는 판

〈가발도둑〉(1600년대 영국)

국에 대머리로 살 수는 없는 노릇이었던 것이다. 간혹 품질 좋은 머리카락을 비교적 많이 얻을 수 있는 시기도 있었으니, 전염병이 돌아 사람들이 무더기로 죽어나갈 때였다. 하지만 시체의 머리카락이 병을 옮길까 두려워한 고객들이 구입을 주저했기 때문에 전염병이 매번 호황으로 이어지지는 않았다고 한다.

가발을 살 경제적 여력이 없는 서민들 사이에서도 가발은 유행했다. 가발 없이 어떻게 가발 유행에 동참할 수 있는지 의아하겠지만, 알고 보면 의외로 간단한 해결책이 있었다. 자신의 머리를 최대한 가발처럼 보이도록 어색하게 만드는 것이다. 귀족은 머리를 밀고 가발을 쓰고 서민은 제 머리를 가지고 가발인 체하는 희극이 길거리에 가득했다.

가발 때문에 폭동이 일어나는 기막힌 일도 있었다. 가발을 통해 경험과 연륜 그리고 그에 따른 지혜를 뽐내고 싶어 했던 귀족들 사이에서 하얀 가발이 유행하게 되는데, 이것이 문제의 시작이었다. 쇠기름과 헤이즐넛 기름을 섞어 만든 찐득찐득한 포마드를 가발에 두껍게 바르고 바람 주머니에 백색 가루를 채워서 풀무질을 하면 이 가루가 고르게 머리 위로 앉으면서 하얀 가발이 완성되는데, 이 작업을 파우더링powdering이라고 한다. 귀족의 집에 필수적으로 설치되었던 가발 옷장은 사실 가발을 걸어 놓는 장소가 아니라 이 파우더링을 위한 장소였다. 맘에 드는 가발을 골라 가발 옷장으로 들어가 앉으면 시종이 따라와 파우더링을 하는데 순백색이 될 때까지 엄청난 양을 퍼붓는 것이 일과였다.

파우더링을 하는 귀족(영국 풍자화 1770)

　이렇게 겹겹이 눈처럼 쌓인 가루는 그 가발이 지나가는 자리마다 한 움큼씩 떨어져 내렸고, 썩어 없어졌다. 원하던 대로 순백의 가발을 얹은 귀족이야 보무도 당당히 걸음을 옮겼겠으나 이 광경을 바라보는 서민들은 분통이 터졌다. 그럴 수밖에 없는 것이 가발이 지나간 자리마다 땅 위에 버려지던 그 가루가 실은 밀가루였기 때문이다. 빵을 만들기에도 모자란 밀가루를 고작 가발에 쏟아 붓는 광경 앞에서 끼니를 걱정하던 가난한 자들의 마음은 얼마나 허망했을까? 그리하여 결국 귀족들의 밀가루 가발이 원인이 된 보기 드문 폭동이 1715년 프랑스의 작은 도시 캉Caen에서 일어난다.

　폭동이 전개된 과정에 대한 상세한 자료는 남아 있지 않다. 다만 한

가지 확실한 것은 그와 유사한 서민들의 저항이 산발적으로 계속 이어
졌고, 이 과정에서 가발은 빈부를 가르는 상징적인 경계선이 되었다는
것이다.

남겨진 이야기
××××××××

당신 손목 위의 시침이 여섯 시쯤을 가리키고 있다면, 차 모임인양 수
수께끼 놀이를 해보는 것도 나쁘지 않을 것이다. 다음의 수수께끼를 풀
어 보자. 답이 있는지 없는지는 스스로 판단하시라.

"대머리와 가발의 공통점이 뭐게?"

14

여왕의 머리에 앉은 훌륭한 닭

1767년 프랑스의 보르도, 와인의 수도로 널리 알려진 이곳에서 대형 군함이 건조된다. 650톤의 중량, 40미터가 넘는 선체에 30문의 대포를 장착했을 뿐 아니라 당시의 최신 기술을 동원하여 구리판으로 바닥을 강화시킨 고속 전투함. 270여 명의 승무원을 태우는 것으로 모든 준비를 마친 이 배는 벨르 풀Belle Poule로 명명되었다. '훌륭한 닭'이라는 뜻이다.* 프랑스 해군의 주력 전투함으로 제작된 이 배는 많은 작전에 투입되는데 그중 가장 유명한 전투는 1778년 여름 영국 군함 아레투사, 우리말로 '물의 요정'과 벌인 일전이었다.

당시 프랑스는 영국과 전쟁 중이었다. 사실 100년 전쟁을 비롯하여

---

* '훌륭한 닭'은 전함의 이름임을 고려하여 의역한 것이다. 직역하면 '고운 암닭'이 된다. 프랑스어 문화권에서 통용되는 은어적 의미를 풀면 '발랄한 소녀' 혹은 '(성적으로) 자극적인 소녀'가 될 수도 있다. 이 책에서는 편의상 '훌륭한 닭'으로 통칭하겠다.

영불전쟁, 앵글로-노르망 전쟁, 브리튼 전쟁, 보웩싱 전쟁, 아우크스부르크 동맹전쟁, 스페인 왕위계승 전쟁, 오스트리아 왕위계승 전쟁, 슐레지엔 전쟁, 프랑스-인도 전쟁 등 프랑스와 영국은 길고 긴 세월 동안 지겹도록 전쟁을 이어 왔기 때문에 영국과 전쟁을 하고 있다는 사실 자체는 전혀 새로울 것이 없었다. 하지만 프랑스의 입장에서 이번 전쟁만큼은 그 어느 때보다 중요했다.

당시 식민지 미국은 독립을 천명하고 영국과 전쟁을 벌이고 있었는데, 전쟁 물자가 턱없이 부족했다. 그래서 눈을 돌린 곳이 영국의 숙적 프랑스였다.

미국은 작곡가이자 발명가이며 사업가이면서 과학자였던 재주 많은 정치·외교 전문가 벤저민 프랭클린을 파견하여 프랑스와 전략적 동맹을 맺고 원조를 이끌어낸다. 미국 편에 서기로 한 프랑스의 계산은 이런 것이었다. 만일 미국이 승리하게 되면 영원한 라이벌인 영국은 아메리카 대륙이라는 커다란 식민지를 잃음으로서 크나큰 타격을 입게 될 것이고, 그 사이 프랑스는 미국과의 교역을 독점함으로써 전쟁 비용과 왕실의 과소비로 초래된 엄청난 국가 부채를 해결할 수 있는 절호의 기회를 잡게 될 것으로 본 것이다. 이런 이유로, 미국의 독립을 놓고 영국과 처음으로 맞붙게 된 해전, '훌륭한 닭'과 아레투사의 전투는 프랑스에게 중요한 의미일 수밖에 없었다. '훌륭한 닭'은 그 이름에 걸맞게 엄청난 함포를 쏟아부어 아레투사의 중앙 돛을 꺾어 버린 후 승전보를 전했다.

이 소식을 들은 프랑스의 왕비 마리 앙투아네트는 매우 고무되었다. 그녀는 왕비이기는 했지만 프랑스인이 혐오해 마지않는 오스트리아 출신이었기 때문에 왕실의 권력자 대부분이 그녀를 등한시했다. 정치의 중심이었던 왕실의 한가운데 있었지만 권력을 손에 넣을 수는 없었다는 것이다. 그 결과 소외된 어린 왕비는 나름의 방식으로 위안거리를 찾게 되는데, 그것은 패션이었다. 어려서부터 음악이나 춤과 같은 예술에 조예가 깊었고 프랑스에서 수입한 인형을 보고 외모를 치장하는 등 뛰어난 미적 감각을 가지고 있었던 그녀에게 패션은 안성맞춤인 취미이자 자랑거리였다.

'훌륭한 닭'과 아레투사의 전투가 벌어지던 해, 스물셋 꽃다운 나이

훌륭한 닭과 아레투사의 전투

였던 마리 앙투아네트는 자국의 승전을 기뻐해 마지않는 왕비로서의 모습을 만천하에 보여 주고 싶었다. 그리고 그 방법으로 그녀가 제일 자신 있는 분야인 패션을 이용했다. 그리하여 전설적인 헤어스타일, '라 벨르풀a la belle poule'이 탄생한다. '훌륭한 닭'의 미니어처를 통째로 머리 위에 얹은 기괴한 헤어스타일이 등장한 것이다.

예술적 균형미와 정교함을 갖추었지만 실용성이라고는 눈곱만치도 없는 이 헤어스타일은 오늘날에 이르기까지 오랜 시간 동안 허영심의 상징으로 여겨졌고, 마리 앙투아네트는 프랑스 부르봉 왕조의 붕괴를 초래한 장본인으로 지독한 비난을 받아 왔다. 허영이란 키워드로 역사를 되돌아본 존 우드퍼드의 책《허영의 역사History of the Vanity》에서도 이

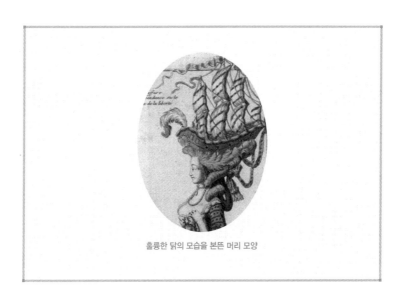

훌륭한 닭의 모습을 본뜬 머리 모양

헤어스타일은 중요하게 언급된다. 하지만 그 당시의 상류사회를 돌이켜보면 '훌륭한 닭'이 그리 특별한 것이 아니었음을 알게 된다.

1700년대 후반의 프랑스는 말 그대로 과장된 패션의 전성기였고, 여성들의 헤어스타일은 그 정점에 있었다. 귀부인들은 경쟁적으로 화려함과 독특함을 추구하였고, 헤어드레서들은 매일 새로운 스타일을 고안해야만 했다. 동물 모형을 매달거나 타조 깃털을 꽂는 장식은 약과였다. 미니 정원을 만들어 올리고 거기에 꽃을 심는 스타일이 있었는가 하면, 철망으로 된 새장을 얹는 경우도 있었다. 물론 그 새장 안에는 살아 있는 새가 지저귀고 있었다.

장식이 점점 복잡해지고 풍성해지다 보니 완성된 머리 모양은 천정을 뚫을 기세로 자라났다. 머리 위로 90센티미터쯤 올라가는 일은 흔했고, 심한 경우 1미터 50센티미터가 넘는 머리도 있었다. 사람 키만큼이나 되는 머리를 얹고 다니려니 불편한 일도 한두 가지가 아니었다. 건물을 드나들 때마다 상인방*에 머리가 걸리는 것은 당연한 일이었고, 마차를 이용할 때는 지붕을 뜯어내거나 창밖으로 머리를 내밀고 있어야만 했다. 천장에 매달린 샹들리에를 건드리면 불이 옮겨 붙어 목숨을 잃기도 했다니 실로 기괴한 풍경이 아닐 수 없었다.

1미터가 넘는 머리 모양을 만들려면 많은 과정과 준비가 필요했다. 우선 제 머리칼을 빗어 넘기고 쿠션, 혹은 양털뭉치를 머리에 올려 고

---

* 출입구의 상부에 부착하는 횡목을 일컫는 말로 윗중방이라 부르기도 한다.

과도한 가발의 불편함

왼쪽 그림은 잠자리에 들기 전 가발을 보호하기 위해 커다란 고깔을 씌우는
모습이고(1700년대 후반), 오른쪽 그림은 지나치게 높은 가발이 샹들리에의
촛불이 닿아 불이 붙은 모습이다(1787).

정시킨다. 그러고는 쿠션을 지지대로 철사를 감아가며 뼈대를 만들고, 그 안팎으로 다량의 가발을 덧대 포마드를 바른다. 원하는 모양이 나올 때까지 쇠를 달군 고데기로 볼륨과 웨이브를 주고, 필요한 곳에 포마드를 덧 바르면 일단 기본 틀이 만들어진다. 여기에 밀가루나 진주가루 등을 뿌려 '파우더링'을 하면 색 작업도 끝난다. 이제 마지막으로 장식이 남았다. 보석, 깃털, 미니어처, 유리, 리본, 꽃 등으로 원하는 주제를 표현하면 드디어 마님의 외출 준비가 끝나는데, 사실 몇 시간의

마리 앙투아네트
젊은 시절의 모습과 그리스 신화의 괴물 하피의 모습으로
묘사된 모습(1789), 그리고 단두대로 향하기 전의 마지막 모습이다.

작업 과정이나 이렇게 만든 머리를 이고 다니는 것이 불편하긴 했겠으
나 아직까지 끔찍할 만큼은 아니었다.

진짜 끔찍한 괴로움은 보관할 때 나타난다. 그리고 보관은 시간과의
싸움이다. 워낙에 어렵고 값비싼 머리인 탓에 하루 외출을 마쳤다고
그냥 풀어헤칠 수는 없다. 때문에 몇날 며칠 계속 이고 있어야만 했다.
잠자리에 들 때는 머리 모양에 맞는 상자를 쓰고 베개를 사방에 깔아
상자의 흔들림을 방지한 뒤에야 잠들 수 있었다. 자다가 뒤척이기라도
했다간 큰 낭패인지라 깊은 잠을 잘 수도 없었고 제대로 씻을 수도 없
었다.

더 심각한 문제는 그 머리의 대부분이 음식이었다는 것에 있었다.
누구나 알듯 시간과의 싸움에서 이길 수 있는 음식은 없다. 포마드 기
름의 주재료는 쇠기름이고 파우더링의 주재료는 밀가루다. 이들의 조

합은 무엇을 만들었을까? 쥐와 해충을 위한 완벽한 만찬이었다. 시간이 어느 정도 지나 썩는 냄새가 나기 시작하면 이와 서캐는 물론 온갖 벌레가 들끓었고, 심한 경우에는 쥐가 숨어들어 새끼를 낳고 길렀다. 이런 여성들의 헤어스타일을 두고 '쥐 굴rat's nest'이라 낮추어 불렀던 이유가 여기에 있었다. 쥐 굴을 머리에 쓰고 있으니 극심한 가려움은 말할 필요도 없다. 해결책이라곤 지팡이 끝에 뾰족한 갈고리를 달아 머릿속을 긁는 것 외엔 없었던 당시, 귀족 부인들의 겉모양은 비할 바 없이 화려했지만 그 속은 참을 수 없을 만큼 불결했다.

귀족들이 과도한 치장에 몰두하는 사이, 프랑스의 국력은 쇠약해지고 있었다. 미국 독립전쟁을 원조하면서 빚은 감당할 수 없을 만큼 불어나 있었고, 설상가상으로 미국은 독립 이후에도 영국과의 무역을 지속적으로 확대·발전시켜 나갔기 때문에 미국과의 독점교역으로 이익을 얻고자 했던 계획도 실현되지 않았다.

몇 해에 걸친 흉년이 프랑스를 덮치자 상황은 더 악화되었다. 빵값이 천정부지로 치솟으며 아사자들이 속출했지만 빚에 휘청대던 왕실이 할 수 있는 일은 없었다. 결국 극에 달한 국민들의 분노가 혁명의 불길로 타올라 프랑스 왕실과 귀족 사회를 삼켜 버린다. 프랑스의 왕정은 그렇게 막을 내린다.

해마다 최고급 드레스를 300여 벌씩 주문해 같은 옷을 두 번 입지 않았던 패션의 여왕 마리 앙투아네트도 그 불길을 피할 수 없었다. 남편의 처형을 지켜보는 것으로 찾아온 몰락은 오래지 않아 그녀의 피를 요구했다. 1793년 10월, 단두대로 걸어갈 때 서른여덟 살의 폐비는 매우 소박한 소복을 입고 있었다.

비록 축소된 모형이기는 하나 여왕의 머리꼭대기까지 올랐던 훌륭한 닭의 운명도 크게 다르지 않았다. 작전 중 나포되어 한동안 영국 해군에 부역하는 치욕을 겪었고, 마리 앙투아네트가 죽고 8년 뒤 해체되어 땔감으로 팔려 나갔다. 전투에서의 공적보다 머리 모양으로 더 널리 알려진 유일한 전함의 최후였다.

남겨진 이야기
✕✕✕✕✕✕✕

프랑스 귀족 사회에도 이모티콘이 있었다? 붙이는 점, 패치다. 이모티콘이 얼굴 표정을 단순화하여 감정을 나타내는 것에 반해 얼굴 패치는 붙이는 위치에 의해 감정 상태 혹은 이미지를 나타낸다. 벨벳, 비단, 가죽으로 된 조그만 점을 보석함에 가지고 다니며 그때그때 기분에 따라 옮겨 붙이곤 하는 것이 귀부인들의 소소한 재미였다고 하는데 의미는 다음과 같다.

이마 한 가운데는 품위, 아래 입술은 사려 깊은 이미지, 입술 옆은 연애를 좋아하는 사람, 눈 옆은 열정적인 사람, 턱은 조용한 성격, 코는 음탕한 여인, 팔자주름 위는 잘 노는 사람을 의미하는 식이었다.

서울 한 복판의 클럽파티에서 보게 될 날이 있을 것만 같은 아이템이다. 한국 여성들의 열정적인 명품 사랑을 감안해 샤넬 로고를 응용해 만든다면 더 인기 있지 않을까?

화장방에 있는 여인
한손에 패치 박스를 들고 얼굴에 패치를
붙이고 있는 모습이다.

샤넬 패치
샤넬이 2012-13년 크루즈 쇼에서 선보인
현대판 패치이다.

15

{ 군인과 치마와 엉덩이 }

아편전쟁이 끝난 1842년부터 홍콩은 영국의 차지였다. 태평양 전쟁 당시 일본군에게 잠깐 빼앗겼으나 일본 제국이 패망하던 1945년에 다시 회복하였고, 그 후로 오랫동안 영국 경제의 아시아 전진기지로 막대한 이익을 창출해 냈다. 영국의 입장에서는 그야말로 알토란 같은 섬이었다. 하지만 영구 점령이 아니라 기간제였다. 좀더 풀어 얘기하자면 홍콩의 통치권을 중국이 영국에게 공식적으로 빌려주되 그 기한을 정해 두어 때가 되면 되돌려 받기로 한 것이다. 이 협의(제2차 베이징 협약)가 있었던 해가 1898년이었고, 그 기한은 그로부터 99년이었다. 시간이 흘러 100년에서 1년 모자란 조차租借 기간이 만료되는 1997년이 되었을 때, 영국은 손에 쥐고 있던 사탕을 빼앗기는 듯 심통이 난 반면 중국은 죽은 자식이 살아 돌아오는 듯 기뻤다.

양국의 상반된 감정이 드러나지 않게 부딪히고 통치국이 바뀌는 커다란 변화를 목도하게 될 홍콩 주민들의 불안감이 안개처럼 스멀거리던 즈음, 홍콩 한복판에서 모두를 실소하게 만든 보기 드문 장면이 연출된다. 의도치 않게 어느 군인의 엉덩이가 공개된 것이다. 그런데 하필이면 그 장소가 세노타프[*]였다. 그 장면을 찍은 사진이 미디어를 통해 세계 곳곳으로 전달되면서 많은 사람들이 의아해했다.

세노타프가 어떤 곳인가? 우리말로 하면 '전몰장병 기념비'다. 그렇다면 군인으로서 가장 엄숙해야 할 장소 아니던가! 게다가 이 사진이 찍힌 해는 1997년. 장렬히 전사한 영국군을 위한, 영국군에 의한, 영국기의 하강식이 거행될 수 있는 홍콩에서의 마지막 해, 그 엄숙한 순간에 엉덩이를 보인다? 그것도 현역 병사가? 사진은 금세 유명해졌다.

맨 엉덩이와 엄숙한 국기 하강식, 이 부조화를 보면 두 가지 질문이 떠오른다. 첫째, 저 군인들은 왜 치마를 입고 있는가? 이 질문에 대한 답은 누구나 잘 알고 있을 것이다. 바로 군인들이 스코틀랜드 왕실 소속이었기 때문이다. 스코틀랜드에서는 오래전부터 치마가 남자의 일상복이자 군복이었다. 그러니 스코틀랜드 병사가 치마를 입은 일을 두고 '왜?' 라고 묻는 것은 무지의 소치일 것이다.

두 번째 질문, 왜 팬티는 입지 않고 있었을까? 첫 번째와 달리 대답하기가 쉽지 않다. 실수일까, 개인적 취향일까? 아니다. 엄밀히 말하자

---

[*] 세노타프란 시체를 안치하지 않은 빈 무덤이라는 말로 고대 그리스에서 죽은 이를 추모할 목적으로 만들어두던 기념물이다. 그 뜻만을 직역하면 공묘空墓이나 상황에 따라 전몰장병 기념비 혹은 위령비 등으로 해석할 수 있다.

면 질문 자체가 잘못된 것이다. 스코틀랜드의 치마 군복인 킬트^{kilt} 안에는 어떤 속옷도 입지 않는 것이 전통이다. 따라서 "왜 팬티를 입지 않느냐?"고 묻는 것 자체가 난센스인 것이다. 그렇다면 입지 않는 이유는 무엇인가? 이 또한 속옷은 당연히 입어야 한다는 현대인의 고정관념에서 나오는 질문이라 보아야 할 것이다.

스코틀랜드는 지형학적으로 북쪽의 고산지대인 하이랜드^{highlands}와 남쪽의 평야지대인 로우랜드^{lowlands}로 나뉘는데, 킬트는 하이랜드의 문화이다. 하이랜드는 산세가 험준하고 척박하다. 큰 도시를 형성하기 어려웠고 물자가 풍족하지도 않았을 뿐 아니라 육로나 해로를 통한 외부 세계와의 교류도 부족했다. 섬세한 문화를 발전시키기에는 적합하지 않은 환경이었다는 뜻이다. 근대 이전까지 이루어진 일반인들의 복식문화 발전이 다른 유럽 국가에 비해 더디었던 이유가 여기에 있다. 겉옷은 매우 단출하였고 속옷의 착용은, 서민 남자의 경우, 매우 드물었다.

그런 환경 속에 살던 하이랜드의 남자들, 즉 하이랜더highlander에게 킬트는 최고의 옷이었다. 간편함과 유용함 때문이었다. 초창기의 킬트는 치마 형태로 만들어져 있지 않은, 단순히 커다란 장방형의 직물이었다. 가로 4.5미터 세로 1.5미터 가량의 천을 망토처럼 몸에 두르고 중간부분을 벨트로 묶는다. 그러면 윗부분이 아래로 자연스럽게 떨어지면서 두 겹의 치마 모양 옷이 완성된다. 자르고 꿰매는 과정이 전혀 필요 없으므로 간편하다. '벨트묶은 망토Belted plaid'가 킬트의 다른 이름이었던 이유다. 추울 땐, 치마의 바깥 면을 어깨 위로 둘러 외투로 사용했고 잠을 잘 때는 원래대로 펼쳐 담요로도 쓸 수 있었으므로 유용성에 있어서도 충분히 만족스러웠다.

속옷을 입지 않았다고 해도 불편하지 않았다. 양모로 만든 두툼한 직물 그 자체였기 때문에 겨울이라도 아랫도리가 춥지 않았고, 완전히 열린 형태였기 때문에 여름에는 통풍이 가능했다. 속옷 없이도 충분히 쾌적하게 지낼 수 있었다는 말이다. 다만 한 가지 문제는 노출인데, 거칠게 살아온 하이랜더들은 전혀 개의치 않았다. 멜 깁슨이 감독과 주연을 맡았던 영화 〈브레이브 하트Brave Heart〉(1995)에도 그들의 '무속옷' 전통이 잘 그려져 있다. 1200년대, 잉글랜드의 침략과 폭정에 산발적

킬트 입는 법(1600년대 중반)
망토를 주름잡아 펼치고 벨트로 묶는다. 겉겹을 왼쪽어깨로 올려 묶어 멋을 낼 수 있고
우천시 혹은 방한이 필요할 경우 양쪽 어깨를 덮는다.

옷 입은 사람 이야기

으로 저항하던 하이랜더들이 주인공의 지도 아래 하나로 뭉쳐 전투 태세를 갖춘 후 드디어 잉글랜드 정예군과 맞닥뜨린다. 긴장된 대치 상황, 적군을 도발하고 조롱하기 위해 그들이 취했던 제스처가 바로 치마를 걷어 올려 성기를 보여 주는 것이었다.

　스코틀랜드의 군복은 이러한 전통을 계승하여 만들어졌다. 전통을 끔찍이 여기는 그들이기에 어찌 보면 속옷을 입지 않는 것은 당연하다. 제1차 세계대전 당시 스코틀랜드 군부대에서 시행되었던 킬트 인스팩션Kilt inspection, 즉 복장점검은 그래서 유명하다. 부대원들이 정렬하고 있으면 부대장은 기다란 막대기 끝에 거울을 달아 치마 속을 비춰보며 혹시나 속옷을 입은 복장 불량자가 있는가를 확인하는 것이다. 팬티를 입으면 군법을 어기게 되는 전 세계에서 유일한 군대였던 것이다. 하지만 이런 복장점검이 오래 지속될 수는 없었는데, 그 이유는 무기의 다양화 때문이었다. 치마를 입었다고 해서 총칼을 들고 싸우는 재래식 전투에서 불리할 이유는 없었다. 하지만 화학무기가 개발되면서 다리와 성기 주변의 민감한 피부를 보호할 수 없는 킬트가 가진 전투복으로써의 치명적인 한계가 드러나게 된다.

　자연스레 킬트는 전장에서 물러나 행사나 의장용으로 입는 정복으로 남게 되면서 검열관들이 거울을 들고 병영을 돌아다니는 일도 사라졌다. 그렇다고 해서 속옷을 안 입는 전통도 함께 사라졌을 리는 만무하다. 정복을 입는 군인이 옷보다 먼저 입는 것은 국가에 대한 충성심일 터인데 어찌 국가의 전통을 무시하겠는가. 따라서 스코틀랜드인의 입장에서 보았을 때 엉덩이를 드러낸 병사는 지극히 합당한 복장을 하고 있었던 것이다. 오히려 바람에 치마가 날렸을 때 만약 속옷이 드러났다면 자국민들로부터 적지 않은 비난을 받았을 것이다.

지금 현재도 그들의 '무속옷' 군법은 유효할까? 왠지 모르게 아쉽지만 대답은 'No'이다. 하지만 실망하지 마시라. 동시에 'Yes'이기도 하니까. 'No'인 이유는 스코틀랜드 복장규정위원회The Scottish Tartans Authority의 공식 견해이기 때문이다. 그들은 설명한다. "위생상 그리고 예의상 좋지 않으므로 이제는 속옷을 입는 것이 옳다." 반면 'Yes'인 이유는 많은 스코틀랜드인들의 믿음에 있다. 그들은 생각한다. "킬트 안에 아무것도 입지 않아야만 진정한 하이랜더다." 혹자는 물을 것이다. "그래서 입는다는 거야, 안 입는다는 거야?" 간단히 말해 정책적으로는 입을 것을 허용하지만 하이랜더를 자처하는 수많은 사람들이 자랑스러운 전통을 따르고 있다고 한다면 대답이 될 것이다.

킬트를 입은 스코틀랜드인이 외국을 다니면 그들의 전통이 궁금한 사람들이 다가와 킬트 안에 무엇을 입느냐고 지겹도록 묻는다고 한다. 이 성가신 질문에 연륜 있는 하이랜더들은 뭐라고 답할까? 그들 사이에서 인정받는 베스트 답변 몇 가지를 소개한다. 조금 선정적일 수도 있으나 문화적 차이를 감안하여 가볍게 웃고 넘기자.

질문: 킬트 안에 무엇을 입으셨나요?

(여자에게 답할 때) 신이 내게 주신 은총을 입고 있다오.

(무례한 여자에게) 교양 있는 여자는 그런 것을 묻지 않소. 그런데

당신은 이미 질문했으니……

(더 무례한 여자에게) 커다란 백파이프요! 만져 보시겠소?

(남자에게 답할 때) 스코틀랜드인의 자부심을 입고 있다오.

(무례한 남자에게) 당신과 같은 것을 입었소,

다만 조금 더 클 뿐.

(더 무례한 남자에게) 당신 마누라의 립스틱!

정상과 비정상을 나누다?

남겨진 이야기
×××××××

세노타프 앞의 병사들 사진을 자세히 보면 그들이 입고 있는 킬트가 단색이 아니라 체크임을 알 수 있다. 사실 스코틀랜드 전통 복식문화에서 더 중요한 요소는 킬트라는 형태가 아니라 그 형태를 채우는 체크이다. 남자가 치마를 입는 것이 특이한 일이기 때문에 많은 사람들이 킬트에 대해서는 어느 정도 알고 있다. 하지만 체크는 여러 문화권에서 흔한 것이기 때문에 스코틀랜드인들에게 체크가 얼마나 중요한 의미인지 모르는 경우가 많다.

스코틀랜드인들이 사용하는 체크는 여타 다른 체크와 구분하여 '타탄 Tartan'이라 부르며 뜻은 '스코틀랜드 전통 격자무늬'다. 다시 말해 체크가 여러 형태의 격자무늬를 포함하는 상위 개념이라면 타탄은 스코틀랜드의 전통 격자무늬를 특정하는 단어이다.

우리에겐 조금 생소하지만 서양 문화권에서는 체크와 타탄을 명확히 구분하여 사용한다.

그렇다면 체크와 타탄은 어떻게 다를까?

뒤쪽에 보이는 왼쪽 사진은 사전적 의미에 가장 가까운 체크이고 오른쪽 사진은 전형적인 타탄이다. 타탄으로 불릴 수 있으려면 다음 세 가지의 조건을 충족시켜야만 한다. 첫째, 세로 방향의 색과 가로 방향의 색이 교차하는 지점에서 혼합색이 나타나야 한다. 둘째, 반복되는 무늬의 형태는 정사각형이어야 한다. 셋째, 세로 색과 가로 색은 다른 조합으로 구성될 수 없다. 문헌으로 정해진 법은 아니지만 대부분의 스코틀랜드인들이 따르고 있기 때문에 여기서 어긋나면 타탄이라 말하기 어렵다.

스코틀랜드를 여행하게 된다면, 그리고 그들의 격자무늬를 보게 된다면 부디 체크라 하지 말고 타탄이라 말하도록 하자. 타탄에 대한 자부심이 대단한 그들이기에 어느 정도의 상식을 갖추는 것도 나쁘지 않을 것이다.

체크의 사전적 의미에 가장 가까운 체크(왼쪽)와 전형적인 타탄(오른쪽)

제5부

금지와 자유

16

{ 그녀의 가슴에
자유를 허하라 }

1991년 7월 19일 캐나다. 33도의 찌는 듯한 무더위 속을 한 여자 대학생이 걷고 있었다. 땀이 흐르고 갑갑하다. 주위를 둘러보니 웃통을 벗은 몇몇의 남자들이 조깅을 하고 있고, 더 멀리에선 농구 게임이 한창인데 모두 상의를 벗고 있다. 그녀는 생각했다. '남녀는 평등하다. 만약 남자가 더위를 피해 옷을 벗을 수 있다면, 여자도 벗을 수 있다!'

그녀는 젊었고 망설임이 없었다. 상의는 물론 브래지어마저 벗어들고 가슴을 내놓은 채로 걷기 시작한 것이다. 한순간 주변의 모든 시선이 그녀에게 집중되었다. 한 중년 여성의 신고를 받고 허겁지겁 달려온 경찰에게 붙잡히게 되면서 그녀는 결국 재판정에 서게 된다. 재판을 맡은 캐나다 온타리오 주의 궬프Guelph 지방법원은 당시 열아홉 살이었던 그웬 제이콥Gwen Jacob에게 풍기문란Committing an indecent act에 대한 유죄를 확정하고 벌금 75달러를 선고했다.

그웬 제이콥은 주장했다. 남녀는 평등하고, 따라서 동등한 권리를 갖고 있기 때문에 남자에게 허용된 일이 여자에게 허락되지 않는 것은 헌법에 위배된다. 하지만 담당 판사는 여성의 가슴이 갖는 사회적 특수성 때문에 유죄가 불가피하다고 설명하면서 이런 정의를 내린다. "여자의 가슴은 보는 것과 만지는 것을 통해 남성에게 성적인 자극을 주는 여성 신체의 일부분이다." 이 정의 자체는 일견 타당해 보인다. 실제로 남자는 여자의 가슴을 보고 만지는 것을 통해 성적인 자극을 느끼기 때문이다. 하지만 이 정의를 바탕으로 공공장소에서 가슴을 드러내는 여성의 행위를 유죄로 연결시키는 것이 과연 타당한지에 대해선 많은 논란이 있을 수밖에 없다.

우선 왜 드러내 놓은 가슴이 여자의 것일 경우에만 문제가 되는가? 남자는 언제 어디서든 심지어 방송에서도 스스럼없이 가슴을 꺼내놓는다. 탄탄하게 단련된 가슴 근육과 선명하게 조각된 '식스팩'은 남성성의 상징이고, 이는 여성의 눈에 섹시하게 보인다. 즉 여성도 남성의 벗은 상체를 통해 성적인 자극을 느낀다는 것이다. 때문에 성적인 자극을 주는 똑같은 행위를 그 행위자의 성을 기준으로 다르게 판단하는 것이 타당하다고 볼 수 없다.

누군가는 이렇게 항변할 수도 있다. "여성의 가슴은 남성의 그것보다 훨씬 잘 발달되어 도드라져 있기 때문에 시각적·촉각적인 영향력

"A woman's breast is part of the female body that is sexually stimulating to men both by sight and touch."

그웬 제이콥
1992년 탑프리 운동에 참여하고 있는 모습이다.

이 더 크다." 하지만 남자의 가슴과 구분하기 힘들 만큼 작은 가슴을 가진 여성이 적지 않고, 비만 혹은 여유증으로 인해 여성보다 더 크고 풍성한 가슴을 지닌 남자도 흔하므로 그 크기와 형태를 기준으로 어떤 판단을 내린다는 것 또한 어불성설이다.

아이들에게 나쁜 영향을 줄 수 있다는 흔한 주장 또한 설득력이 없기는 마찬가지다. 그웬 제이콥을 신고했던 중년 여성은 몇 명의 아이를 가진 엄마였고, 어느 젊은 여자의 단정치 못한 행동이 자신의 아이들에게 나쁜 영향을 끼칠까 걱정된 나머지 신고를 했다고 한다. 그 신고자 자녀의 성별은 알려진 바 없지만 만일 여자아이였다면 별 논란거리가 될 수 없을 것이고, 남자아이였다면 어떤 나쁜 영향을 받았을 수

Allowed?! Not Allowed?

도 있다. 그렇다면 엄마의 가슴에서 젖을 먹고 자라 여성의 가슴에 친숙한 남자아이가 여성의 가슴으로부터 나쁜 영향을 받을 거라고 생각하면서 왜 여자아이들은 길거리를 활보하는, 친숙하지도 않고 젖을 주지도 않는 남자의 가슴으로부터 나쁜 영향을 받지 않을 것이라고 믿는 걸까?

캐나다화 75달러. 얼마 되는 돈은 아니었지만, 그웬 제이콥은 벌금을 낼 수 없었다. 그 벌금을 내는 것은 그녀 스스로가 "여성의 가슴은 남성의 가슴보다 문란한 그 어떤 것"이라는 사회의 통념을 인정하는 것이기 때문이었다. 그녀는 상고했고 여자 가슴과 남자 가슴이 어떻게 다른가에 대한 명쾌한 해답을 찾지 못한 온타리오 주법원은 원심을 파

탑프리 운동에 참여한 여성들
2011년 플로리다에서 벌어진 탑프리 캠페인에서 여성들이
"가슴을 자유롭게 마음도 자유롭게"라고 적인 현수막을 들고 행진하고 있다.

기하고 무죄를 선고한다. 이를 계기로 캐나다와 미국을 중심으로 여
성의 가슴은 옷으로 가려져야 한다는 암묵적 동의에 저항하는 탑프리
Topfree 운동이 벌어지기 시작한다.

"여성의 상체를 해방시키자!"

탑프리 운동을 하는 여성들이 실제로 상의를 탈의한 채 눈앞에 지나
간다면 당신은 그들에게 지지의 박수를 칠 것인가? 아니면 얼토당토
않은 헛소리라며 조소를 보낼 것인가? 결정은 당신 몫이고, 그 누구도
어느 한쪽 편에 서라고 강요할 수 없다.

그런데 만일 근대화 이전에 살았던 인도의 하층계급 여성이 "가슴
을 드러내게 해달라"고 외치는 탑프리 여성들을 보았다면 아마도 전

혀 다른 반응을 보였을 것이다. 복에 겨운 투정이라며 엄청난 힐난을 퍼부었을 것이다. 1858년, 오늘날의 인도 남부에 자리 잡고 있던 봉건 왕국 트라뱅코어Travancore에서 대규모 시위가 벌어진다. 시위에 참가한 사람들은 왕궁을 향해 오늘날의 상식으로 도저히 이해할 수 없는 기이한 것을 요구했다.

"여자들에게 상의를 입게 해주세요!" 쉽게 이해가 되지 않는다. 그렇다면 누군가 여자들에게 상의를 입지 못하게 막기라도 했단 말인가? 안타깝지만 그렇다. 신분제도가 확고했던 트라뱅코어를 포함한 그 인근의 여러 지역에서는 하층계급의 여성에게 상의를 허락하지 않았다. 가슴을 온전히 드러냄으로서 자신이 얼마나 천한 계급에 속해 있는지를 상위계급에게 보여 주어야 했던 것이다. 그러던 중 유럽 선교사들의 도움으로 하나둘 상의를 입을 수 있게 된 여성들이 늘어나게 되었고, '탑프리'가 얼마나 야만적인가에 대해 각성하게 된다. 다시는 '탑프리' 상태로 돌아가고 싶지 않았던 그녀들은 시위를 조직해 왕궁을 향해 법을 고치도록 처절하게 요구했고, 다행히 왕궁은 옷을 입을 수 있도록 허락해 주었다.

한곳에선 "여성의 상체를 해방시키자!" 또 다른 곳에선 "여자들에게 상의를 입게 해주세요!" 입고 벗음을 둘러싼 시대의 아이러니다.

성급하게 논의를 마치기전에 한 가지만 더 생각해 보자. 논리라는 것이 한 푼어치라도 있는 사람이라면 응당 감지했을 찜찜함에 대해 다시 얘기해 보자. 올바른 정의가 없으면 그 어떤 사유도 단 한걸음 똑바로 나아갈 수 없다. 유치하지만 쉬운 예를 들어보자. "금은 모든 사람이 원한다. 금을 보면 욕심이 생겨 살인도 한다. 그래서 금은 사라져야 한다." 충분히 명쾌하여 당신의 고상한 사유가 침노입지 않는가??

"여자의 가슴은 남자를 흥분시킨다. 가슴을 보면 흥분하여 성범죄를 일으킬 수도 있다. 그래서 여자의 가슴은 가려져야 한다." 여전히 명쾌한가?

남겨진 이야기
××××××××

'전국 가슴골의 날!' 우리말로 바꿔 놓으니 어색하긴 하다. 내셔널 클리비지 데이National Cleavage Day는 2002년부터 남아프리카공화국의 요하네스버그에서 시작된 행사인데, 3월 말이나 4월 초의 따뜻한 날에 수많은 사람이 모여 가슴골을 자랑하고 보는 일종의 여성운동이란다. 이제는 전 세계적으로 확대되어 여성들에게 자기 몸에 대한 자부심을 표출할 수 있는 기회를 준다고 한다. 그런데 한 가지 입맛이 쓴 이유는 여성들이 자발적으로 시작한 운동이 아니었다는 거다. 세계적인 브래지어 제조회사인 원더브라에 의해서 시작되었다는 사실이 시사하는 바는 무엇일까.

탑프리는 아니되 가슴골만 강조해 보여 주기 위해 필요한 것은? 당연히 여자들은 가슴골을 힘 있게 모아 준 브라를 착용하고 있다. 여성 운동일까, 아니면 마케팅일까?

내셔널 클리비지 데이를 앞두고 자신의 가슴골과 함께 속옷을 자랑하는 여성들

17

{ 부끄러운 줄
아시오? }

모피는 아름답다. 동물이 발달시킨 자연 상태의 아름다움을 고스란히 가져온 모피는 시각적으로 풍성하고 윤택이 있으며, 촉감에 있어서는 그 부드러움이 최고라 일컫는 실크에 뒤지지 않는다. 족제비, 밍크, 담비, 여우, 늑대, 너구리, 수달, 해달 그리고 비버 등이 아름다운 털을 가진 대표적 동물로, 인간은 이들로부터 모피를 얻어 왔고 겨울이 되면 그 모피는 최고급의 입을 거리로 변신한다.

백화점 쇼윈도에 걸린 코트, 베스트, 부츠 등 모피로 만들어진 제품은 오랫동안 여자들에게 선망의 대상이었고, 이런 모피를 향한 그들의 소유욕은 갈등의 원인이 되어 텔레비전 드라마에 심심치 않게 등장한다. '며느리는 밍크코트 입는데 시어머니는 솜잠바 입는다'라는 식의 식상하지만 공감할 만한 플롯이다. 입는 것만으로 부를 상징할 뿐 아니라, 아름답고 따뜻하기 때문에 모피는 며느리니 시어머니니 할 것

없이 누구에게나 사랑받아 왔다.

　당신의 경제 상황을 알지는 못하지만, 드디어 최고급 여우 털 베스트를 어렵게 장만한 어느 날이라고 생각해 보자. 모피를 입어서인지 한 겨울임에도 전혀 춥지 않았고, 사람들의 시선이 당신에게 머무는 것이 싫지 않았기에 데이트에 나서는 그 길이 행복하다. 풍성한 여우 털의 찰랑거림을 느끼면서 택시를 기다리고 있는데 누군가 등을 톡톡 친다. 돌아보니 그냥 평범한 아주머니인데 전혀 예상치 못한 말을 던진다. "부끄러운 줄 아세요!" 당황스럽고 어안이 벙벙하다. 대꾸를 못하고 있는데 그 아주머니는 목청을 한껏 돋우어 다시 한번 노려보며 힐난한다. "부끄러운 줄 아시라고요, 당신이 여우를 죽였다고요!"

　물론 위와 같은 일이 상호간의 예의를 중시하는 한국 사회에서 쉽게 일어날 것 같지는 않다. 하지만 많은 동물 애호가들이 활발하게 활동하는 유럽이나 미국의 어느 대도시라면 충분히 가능하다. 그렇다면 모피를 입으면 안 된다고 강력하게 주장하는, 그러므로 모피를 걸친 당신을 '부끄러운 사람'으로 깎아내리는 그들은 무엇에 근거하여 타인의 유쾌한 외출을 망쳐놓는가?

　이 질문에 답하려면 먼저 페타People for the Ethical Treatment of Animals에 대해 살펴볼 필요가 있다. 페타는 우리말로 '동물의 윤리적 처우를 지지하는 사람들' 정도로 바꿔볼 수 있는 가장 대표적인 동물보호 단체이다. 전 세계 약 200만 명에 달하는 회원을 보유하고 있으며 막대한 자금력을 바탕으로 다양한 캠페인을 진행해 오고 있다. 심심치 않게 뉴스

2011년 발표된 데니스 바소의 모피 터번과 핸드백

페타의 반 모피 거리시위(2011년 6월 21일 워싱턴 DC)

옷 입은 사람 이야기

를 통해 보도되는 자극적인 동물보호 퍼포먼스의 대부분이 이 단체와 연결되어 있다고 보면 된다. 유명 연예인들이 출연하는 누드 광고라거나 명동 한복판에서 펼쳐지는 나체 퍼포먼스 등이 그 예이다. 피칠갑을 한 채 동물 분장을 하고 우리 속에 들어가 앉은 그들이 일반 소비자인 우리에게 외친다. "잔인한 모피를 입느니 차라리 벗어라!" 그러면 얼마나 벗어야 그들이 말하는 잔인함에서 온전히 벗어날 수 있게 되는 것일까?

수렵을 통한 모피의 남획 때문에 어느 한 동물이 멸종에 가까워진다고 한다면, 그 모피의 생산과 소비는 금지되어야 마땅한 일이다. 중앙아메리카의 재규어나 아시아의 설표Snow leopard 등은 그 아름다운 무늬의 모피 때문에 수많은 개체가 도살되었고 결국은 멸종 위기종으로 등록되었다. 동물자원의 감소는 돌이킬 수 없는 인류 전체의 막대한 손실임이 분명하므로 멸종 위기에 처해 있는 동물의 모피를 입는 것은 (물론 밀수입이 아니고서는 구할 수도 없지만) 이기적일 뿐 아니라 몰지각한 일이기도 하다.

지난 100년간 양서류의 30%, 포유류의 23%, 그리고 12%의 조류가 멸종 위기에 처했다고 하는데, 패션이란 미명 아래 이 상황을 더 악화시킬 수는 없다. 동물보호론자건 아니건 간에 이는 재론의 여지가 없다. 비버와 아메리칸 바이슨을 멸종 위기로 몰아갔던 인간의 탐욕스런 과거를 두고 아름다운 추억이라 할 수는 없는 노릇이다. 누구라도 이런 형태의 모피 소비는 철저히 금지되어야 한다는 것에 동의할 것이다.

그렇다면 밍크나 여우, 라쿤을 입는 것은 괜찮을까? 우리가 구입하는 대부분의 모피 상품은 가축을 사육하는 것과 다를 바 없는 전문적인 모피 농장fur farm에서 나오는 것들이므로 특정 동물종의 멸종과는 전혀 상관이 없다. 그렇기 때문에 많은 사람들이 별다른 제약 없이 다양한 형태의 모피 제품을 사용할 수 있는 것이다. 하지만 페타의 시각에서 보았을 때 이는 지극히 잘못된 행동이다. 동물 사육 과정이 쾌적하지 않으며 생피의 채취 행위 자체가 잔인하다는 것이 그 이유이다. 그렇다면 모든 모피 제품을 금지해야 한다는 것인가? 수만 년 동안 동물을 입어 왔던 인간의 역사를 돌이켜 볼때 당장 납득하기는 쉽지 않다.

그렇다면 우리가 흔히 무스탕Mustang*이라 부르는 양면 양모피Double faced sheepskin 제품은 어떨까? 야생성이 강한 밍크나 여우, 라쿤과는 달리 양은 오랜 세월 인간과 함께한 가축이다. 따라서 양고기 소비에 수반하여 발생하는 그 모피를 이용하는 것은 지극히 자연스러운 것으로 보인다. 하지만 페타는 이마저도 반대한다. 가장 큰 이유는 사육 과정에서 필수적인 뮬싱Mulesing의 고통 때문이다. 뮬싱은 무엇일까?

약 8000만 마리의 양을 사육하고 있는 오스트레일리아에서 양보다

---

* 양면 양피 재킷을 무스탕이라 부르는 것은 우리나라가 유일하다. 원래 Mustang은 북아메리카산 조랑말을 일컫는 말로, 양 가죽과는 아무런 상관이 없다. 양피 재킷이 무스탕이라 잘못 알려진 것은 한국전쟁 당시 한국 공군의 주력 전투기가 미국에서 들어온 P-51 무스탕이었던 것에서 기인한다. 거의 모든 전투기 조종사들은 방한 성능이 뛰어나고 착용감이 좋은 양면 양 재킷을 입고 있었는데 이를 본 사람들은 '무스탕 타는 조종사가 입는 따뜻한 양털 옷'으로 기억했고 시간이 지나면서 간단히 '무스탕'으로 통용된 것이다. 우리나라를 제외한 모든 외국에서는 무스탕이라고 하면 먼저 북아메리카산 조랑말, 포드 사에서 제조한 스포츠카, P-51 일인승 단발 전투기 등을 떠올린다.

옷 입은 사람 이야기

중요한 가축은 없다. 그런데 해마다 파리 때문에 골머리를 앓는다. 양 떼를 습격하여 병들고 죽게 하기 때문이다. 독수리가 때로 덤비는 것도 아니고 고작 파리가 양을 죽인다는 것이 가능할 것 같지 않지만 실상 이 날벌레의 공격은 치명적이다. 양은 워낙에 털이 풍성한 동물이여서 온몸이 털로 덮여 있는 것이 당연한데, 이 때문에 배변과 관련한 청결을 유지하기가 어렵다. 다시 말하면 북슬북슬하게 자라 있는 엉덩이 주변의 털에 오줌과 똥이 계속 달라붙게 되는 것이다. 그러다 보면 악취가 나고, 파리가 꼬이고, 그 파리들은 피부의 주름 사이로 기어 들어가 그곳에서 알을 낳는다. 알이 부화하여 구더기가 되면 이때부터 양의 고통이 본격적으로 시작된다. 항문과 생식기를 파고 들어가는 수

1950년대 출시된 표범 코트
1950년대는 표범 패션의 절정기였다. 현재와 다른 점은 진짜 표범 모피만을 사용했다는 점이다.

양의 항문주변으로 기생하기 시작한 구더기

백 마리의 구더기들. 결국 파리의 습격이 극심한 여름마다 많은 양이 죽어 나갔고, 이는 양을 치는 농부들에게 큰 근심거리였다.

1900년대 초 어느 날, 오스트레일리아의 어느 농부는 여느 날과 다를 바 없이 양털을 깎고 있었다. 하지만 그날은 어쩐 일인지 기계가 손에서 미끄러지면서 양을 크게 다치게 하고 말았다. 엉덩이 쪽 살이 손바닥보다 크게 잘려나간 것이다. 치료를 해준 후 잊고 지내던 중 농부는 많은 양들 중 오직 부상을 입었던 그 양만 파리의 습격을 피했다는 것을 발견하게 된다. '혹시?' 그는 그 길로 다른 양 몇 마리를 잡아다가 손바닥 두 개 정도 크기로 엉덩이 가죽을 싹둑 베어 냈다. 아니나 다를까, 그 양들만 파리가 습격하지 않는 것이었다. 엉덩이 가죽을 벗겨내는 일종의 영구 제모*를 하자 배설물이 더 이상 묻지 않게 되었고, 벌레가 숨어들 수 있는 피부 주름도 제거되어 파리는 더 이상 알을 낳을 곳을 찾을 수 없게 된 것이다.

페타의 뮬싱 반대 시위(2011년 3월 15일 멜버른 패션 페스티벌)

그 농부의 성이 뮬Mule이었고, 사람들은 그의 성을 따서 이 영구제모 방법의 이름을 뮬싱이라 하였다. 이 방법은 현재 전 세계로 보급되어 수많은 양을 파리로부터 효과적으로 보호하고 있다. 그런데 문제는 페타를 비롯한 많은 동물보호론자들이 이에 대해 격렬히 반대한다는 것이다. 그러면서 그들은 또다시 우리를 다그친다. "생살을 떼어 내는 고

*
고통스러운 영구 제모보다는 그냥 항문 주위의 털을 깎으면 해결되는 것 아니냐고 생각할 수도 있다. 하지만 과연 그게 현실적으로 가능한지는 의문이다. 양의 털은 쉬지 않고 빠른 속도로 자란다. 또한 오스트레일리아에서는 한 농장 당 적게는 수천, 많게는 수만 마리에 이르는 양을 관리한다. 자, 이제 잔인하게 가죽을 잘라 내는 뮬싱 대신 친절하게 털만 깎는 농부를 상상해 보자. 양은 비교적 적은 3,000마리다. 시작해 보자. 1번 양의 항문 주변을 깎기 시작하여 하루에 100마리씩 한 달 내내 깎아서 3,000번째 양의 엉덩이까지 깎아 놓은 후, 농부는 한 달 만에 다시 털이 수북이 자란 1번 양을 깎기 시작하여 하루에 백 마리씩 하루도 쉬지 않고 한 달을 깎아 3,000번째 양을 마친 그 직후, 농부는 또 다시 털이 자라있는 1번 양부터 시작하여…….

통을 주면서 사육해야 하는 양 모피를 입는 것 역시 부끄러운 일이다." 혹 너무 지나친 것 아닌가 하는 생각이 든다.

그래, 일단 좋다. 그렇다면 양털, 울wool은 어떨까? 따뜻한 스웨터를 짜고 고급 코트를 만드는 울은 양을 도살해야만 얻을 수 있는 모피와 달리 머리를 깎듯 그저 자라난 털만을 채취하는 것이니까 전혀 잔인할 것이라곤 없어 보인다. 하지만 페타는 또 반대한다. 이 동물보호단체가 너무 잔인하다며 뮬싱에 반대하기 시작한 것이 2004년이다. 이때 오스트레일리아 울 생산자 협회Australian Wool Growers Association는 이들의 영향력을 걱정하여 2010년까지 뮬싱의 단계적 철폐를 약속했고, 실제로 뮬싱보다 돈이 더 들지만 덜 잔인한 방법, 예를 들면 주사를 놓아 엉덩이 쪽 살을 괴사시켜 한 꺼풀 벗겨내는 약물제모 방법 등을 확대시켜 왔다. 더 이상 잔인성에 대한 시비 거리를 찾을 수 없게 되자 페타는 아예 울에 대한 전면적인 보이콧을 주장하기 시작했다. 이유는? 그들은 '울이 아니었다면 양은 초원에서 자유로울 수 있었다'고 주장하면서 울의 소비 또한 잔인한 행위로 간주한다. 아! 그렇구나. 이제 반항할 힘이 없다.

마지막이다. 그렇다면, 신발을 만드는 가죽은 어떨까? 물론 안 된다. 2012년 영국 출신의 세계적인 패션 디자이너인 스텔라 메카트니는 페타의 3분짜리 홍보 비디오에 등장하여 '동물이 죽어야 가죽이 나온다'는 아주 간단한 논리를 바탕으로 가죽 제품을 사용하지 말라고 권고한다. 벨트도 신발도 악어가죽 핸드백도 안 된다. 심한 경우에는 인조 모피의 사용도 윤리적이지 않다고 말한다. 인조 모피에 길들여진 사람은 경제력만 되면 진짜 모피를 구입하게 될 잠재 소비자이므로 모피와 비슷하게 생긴 것도 허용해선 안 된다는 것이다.

그들의 기준을 충족시키려면 우리는 모피는 물론 핸드백과 구두를 포함한 모든 가죽제품, 어그 부츠를 만드는 양 모피, 코트와 스웨터와 같은 울 제품, 그리고 경우에 따라서는 인공제품까지도 벗어야만 한다. 벌레를 삶는 잔인한 행위를 통해 얻는 것이므로 어머니께 실크 스카프를 선물하는 일도 비윤리적이라 말하는 그들의 주장에 당신은 어디까지 공감하는가?

18

{ 동물해방이라는 유행 }

페타를 비롯한 급진주의자들을 동물보호론자라고 할 수는 없다. 엄밀히 말하면 그들은 동물해방론자이다. 동물보호론과 동물해방론은 엄연히 다른 개념이다. 사람을 위해 동물을 이용하되 가급적이면 그 방법이 동물에게 고통을 덜 주는 방향으로 개선되어야 한다고 주장하는 것은 동물보호론이다. 반면 동물해방론은 인간의 이익을 위해 어떤 식으로든 동물을 사용해서는 안 된다고 보는 견해이다. 따라서 동물해방론자는 동물을 입는 것은 물론이고 구경하는 것(동물원, 서커스, 경마 등)과 먹는 것, 심지어는 애완용으로 소유하는 것과 질병 연구를 목적으로 실험하는 것까지 모두 비윤리적이라 주장한다. 필연적으로 이런 급진성은 많은 분란을 초래한다.

지독히도 엽기적인 살인사건이 일어난다. 2008년의 여름 어느 날, 캐나다 중부 매니토바 지역을 가로질러 가는 고속버스에 22세의 청년

팀 맥린Tim Mclean이 몸을 싣고 있었다. 어느 순간, 헤드폰을 귀에 얹고 잠들어있던 그의 옆자리에 마흔 줄의 중국인 이민자 빈스 웨이광 리Vince Weiguang Li가 은밀히 다가와 앉았다. 이때까지만 해도 모든 것은 평온했다. 하지만 서른 명이 넘는 승객을 싣고 있던 버스가 아수라장으로 변하기까지는 단 몇 초도 걸리지 않았다. 빈스 웨이광 리가 난데없이 사냥용 칼을 꺼내 팀 맥린의 목을 찌른 것이다. 일면식도 없는 괴한의 칼에 급소를 찔린 젊은이는 팔을 몇 번 허우적거리더니 이내 절명하고 만다.

겁에 질린 기사와 승객들이 버스 밖으로 황급히 몸을 피하자 살인보다 더 끔찍한 광경이 시작된다. 빈스 웨이광 리는 죽은 팀 맥린의 목을 침착하게 썰기 시작했다. 결국 목을 떼어 내었고, 창밖에서 바라보고 있는 사람들에게 흔들어 보여 주었다. 그러고는 시신을 이리저리 유린하더니 귀와 코 그리고 혀를 잘라 주머니에 우겨 넣었다. 그래도 무언가 성에 차지 않았던지 그는 급기야 눈알과 심장을 파내어 먹기 시작했다. 급하게 출동한 경찰 특공대가 이 미치광이를 체포하기까지 상상 이상의 끔찍한 광경은 계속되었고, 캐나다 전역은 발칵 뒤집혔다. 후속 수사를 통해 정신착란을 앓던 범인의 우발적 살인으로 밝혀지면서 사건은 일단락되었지만, 범행 과정의 기이한 잔혹성 때문에 그 여파는 쉽게 가라앉지 않았다.

이 뉴스를 접한 페타는 발칙하고 참신한(?) 발상을 해낸다. 그들에게는 사람의 목숨이 동물의 그것과 다르지 않다. 그러므로 사람을 죽이는 행위와 동물을 죽이는 행위는 그 끔찍함에 있어서 본질적으로 같다. 이런 논리를 바탕으로 그들은 다음과 같은 신문광고를 게재한다.

매니토바……

죄 없는 젊은 희생자의 목이 베입니다.

그의 몸부림과 절규는 무시됩니다.

칼을 든 자는 아무런 감정도 드러내지 않습니다.

희생자는 도륙당하고 그의 목은 잘려 버립니다.

그의 살이 먹히고 맙니다.

이런 일이 끊임없이 벌어지고 있습니다!*

살인 사건은 세계 어디에서나 빈번히 발생하지만 살인자가 희생자의 신체를 먹는 경우는 흔치 않기 때문에 페타는 이 사건을 자신들의 의견을 효과적으로 나타낼 수 있는 기회로 보았다. 그 주체가 소이거나 돼지이거나 혹은 물고기이거나 상관없이, 비참하게 죽음을 맞이하고 다른 종에게 먹히는 일은 사람이 그렇게 되는 것과 하등 다를 바 없다는 메시지를 전달하고자 한 것이다. 이 메시지는 대중으로 하여금 두 가지 감정을 불러일으키도록 의도되었다고 볼 수 있다. 한 가지는

*
원문은 다음과 같다. Manitoba……An innocent young victims's throat is cut/His struggles and cries are ignored/The man with the knife shows no emotion/The victim is slaughtered and his head cut off/His flesh is eaten./It's Still Going On!

연민 혹은 동정심이다. 하루에도 수없이 죽어나가는 동물에 대해 안타까운 감정을 가지라는 것이다. 여기까지는 용인할 수 있다. 하지만 다른 하나는 그들이 이런 의도를 가지고 있었다는 것을 짐작하는 것만으로도 역겨운, 각성을 통한 자기혐오이다. 대상이 무엇이든 한 생명의 목숨을 끊어 버리고 그 살을 잘라 먹으므로 당신이 바로 감정 없이 칼을 든 또 다른 빈스 웨이광 리라고 주입하는 것이다.

대중은 분노했다. 먼저 동물을 먹는 일이 식인을 하는 것과 다름없다는 그들의 은유를 파악했기 때문이었다. 하지만 그보다 더 분노한 것은 아들의 비극이 고작 동물의 죽음에 비교되는 어이없는 상황을 마주하게 된 팀 맥린 부모의 비통함을 짐작했기 때문이었다. 최소한의 이성이 있는 사람이라면 자식을 잃은 부모의 면전에 대고 '닭의 죽음과 당신 아들의 죽음은 다르지 않다'라고 말할 수 없을 것이다. 하지만 그들은 동물의 편에 서서 팀 맥린의 죽음을 대했다.

페타의 급진적인 그러므로 혐오스러운 캠페인은 위의 신문 광고 말고도 다수 진행되었다. 그중 하나는 어린 아이들을 상대로 한 포스터 광고로 '네 엄마가 동물들을 죽이고 있어!'라는 제목으로 소개되었다. 별다른 설명은 필요없다. 무슨 의도로 이 광고를 제작했을지는 포스터를 보는 것만으로 쉽게 파악할 수 있을 것이다. 동시에 아이들에게 육류를 먹이는 대다수 부모들이 느꼈을 분노도 어렵지 않게 짐작할 수 있다.

사실 먹는 문제를 공격하는 일은 쉽지 않다. 식생활은 생존에 직결

어린이를 위한 페타의 동물보호 광고
요리하는 엄마와 낚시하는 아빠가 혐오스럽게 묘사되어 있다.

되어 있고 육류 소비를 통해 얻을 수 있는 영양 섭취와 미각적 만족감은 쉽게 대체될 수 없기 때문이다. 따라서 '고기를 먹지 말라'고 주장하는 일은 예외 없이 엄청난 비난을 초래했다. 위에 제시된 두 가지 광고도 사람들을 설득하기보다는 오히려 대중의 반감을 불러일으키는 일에 더 성공적이었다고 할 수 있다.

이에 반해 모피 소비를 공격하는 일은 동물해방론자들에게 훨씬 더 수월하다. 허영심과 사치라는 이름으로 매도하기가 쉽고, 동물 재료를 대체할 수 있는 따뜻한 식물 혹은 합성섬유가 다수 존재하기 때문이다. 이런 이유로 반(反)-모피 운동은 그 영향력을 쉽게 확장해 갈 수 있었다. 그리고 그 과정에서 유명 인사들이 든든한 지원군이 되어 주었다는 것은 잘 알려진 사실이다.

　잡지《플레이 보이》의 표지 모델로 유명한 파멜라 앤더슨. 페타의 멤버로서 반-모피 운동에 헌신적으로 참여해 왔다. 아버지의 영향*을 받아 채식주의자가 된 그녀는 어떤 형태로든 동물이 인간에 의해 소비되는 것에 반대해 왔고, 어디서든 동물 사랑에 관한 자신의 주장을 당당히 표현하는 것으로 유명하다. 각종 매스컴의 조사에서 가장 아름다운 여인으로 수차례 선정된 바 있는 영화배우 페넬로페 크루즈. 그녀 역시 반-모피 운동을 위해 자발적으로 광고를 찍었다. 판타지 영화《고스트 라이더》(2007)의 여 주인공 에바 멘데즈. 몸매가 아름다운 그녀는 과감히 옷을 벗고 반-모피 운동에 동참했다.

　연예인들이 대중에게 미치는 영향은 지대하다. 전 세계적으로 알려진 유명인이 등장한 광고는 신문 지면과 옥외 간판을 뒤덮었고, 많은 사람들이 반-모피 운동에 동참하는 계기를 만들어 주었다. 그런데 그들의 일상을 살펴보면서 한때 그들에게 동조했던 수많은 사람들이 의구심을 갖기 시작한다.

　파멜라 앤더슨, 외출하는 모습이 찍힌 그녀는 어그 부츠를 신고 있었다. 양 모피는 모피가 아닌가? 페넬로페 크루즈, 패딩 재킷을 입고 있는데 모자의 둘레가 모피로 장식되어 있다. 모피 코트는 안 되지만

---

*
아버지가 채식주의자이기 때문에 파멜라 앤더슨이 채식주의자가 된 것이 아니다. 아버지의 취미는 사냥이었다. 어느 날 숲속에서 잡은 사슴을 집 뒷마당으로 가져와 손질하는 장면을 어린 파멜라가 우연히 보게 되었는데 하필이면 그때 목을 자르던 중이었다. 충격이 적잖이 심했던지 그녀는 이후로 고기를 끊게 되었다.

파멜라 앤더슨의 페타 광고와 어그부츠를 신고있는 파멜라 앤더슨

페넬로페 크루즈의 페타 광고와 모피 장식의 패딩 재킷을 입은 페넬로페 크루즈

에바 멘데즈의 페타 광고와 악어가죽 클러치를 쥐고 있는 에바 멘테즈

모피 장식은 괜찮은 건가? 에바 멘데즈, 손에 쥔 클러치가 악어가죽으로 만들어졌다. 털이 없는 파충류는 죽어도 상관없다는 것인가?

위에서 언급한 이들 외에도 수많은 연예인 혹은 유명인들이 페타의 반-모피 운동을 위해 광고를 찍었고, 그들 중 다수가 '반-모피'답지 않은 옷을 입어 구설수에 올랐다.

모피와 같은 동물 제품의 생산자와 소비자들 입장에서 생각해 본다면 이런 유명인들의 행태가 달가울 리 없다. 아니 혐오스러울 것이다. 간음하지 말라고 가르치는 성직자가 매음굴에서 뒹구는 것과 무엇이 다른가? 때문에 많은 사람이 저들의 동물 사랑에 대한 진정성을 의심하였다. 하지만 달리 생각해 보면 저들의 모순된 행동이 어쩌면 동물 제품 사용의 불가피성을 역설하고 있는 것인지도 모른다. 바꾸어 말하면 동물 제품 사용을 반대하는 사람들도 다른 사람들과 마찬가지로 동물이 제공해 준 오랜 혜택 속에서 살아가고 있다는 것이다. 또한 피하고 싶은 마음이 있다고 하더라도 절대 피할 수 없을 만큼 패션의 세계에서 유행의 힘은 강력하다는 것이다.

동물해방론자들의 목소리가 어느 때보다 크게 울려 퍼졌던 1980년대 후반, 모피 제품 판매는 급속도로 추락했다. 급진주의자들은 모피 상점을 때려 부수었고, 모피 입은 여자가 식사할 때 그녀의 접시에 죽은 너구리를 던졌으며, 모피 입은 사람에게 다가가 할 수 있는 모든 욕을 퍼부은 후 대동하고 간 변호사 뒤에 숨었다. 그 결과 스위스와 영국에서는 75%의 모피 판매 감소가 있었다. 네덜란드에서는 모피 시장의

90%가 사라졌으며 독일에서는 거의 모든 모피 제품이 자취를 감추었다. 한마디로 모피 산업 자체가 망한 것이다.

동물해방론자들은 자긍심에 휩싸였고 아주 가까운 미래에 모든 종류의 모피 제품이 사라지게 될 것으로 낙관했다. 하지만 그들의 예상과는 달리 어느 정도 시간이 지나자 모피 제품의 판매가 다시 가파르게 상승하기 시작했다. 2000년부터 2010년까지 유럽과 미국을 포함하여 세계 모피 판매가 70%의 성장을 기록한 것이다. 혼신의 힘을 다해 모피의 잔인성을 알리고자 했던 동물해방론자들, 그중에서도 급진주의자들은 매우 의아했다. "오랜 노력으로 많은 소비자들이 모피가 얼마나 잔인한지 알고 있는 상황에서 어떻게 모피 판매량이 증가할 수 있는 거지?"

그들은 몰랐다. '동물해방'이라는 유행이 이미 지나갔음을.

남겨진 이야기
✕✕✕✕✕✕✕✕

사람만 벗어야 하는 것은 아니고 게임 캐릭터도 벗어야 하는 모양이다.
최근에 발표된 슈퍼마리오 3D 랜드를 하다 보면 타누키 슈트가 나온
다. 타누키는 일본의 너구리이니까 타누키 슈트는 '너구리 모피 옷'쯤
되겠다. 이 옷을 입으면 마리오가 날 수 있고 그래서 더 많은 동전을 획
득할 수 있는데 이런 설정이 페타를 자극했나 보다. 페타의 홈페이지를
돌아다니다 보면 다음의 그림과 마주치게 된다.
많은 마리오의 팬들이 실소를 터뜨렸다는 후문이다.

페타 홈페이지에 게재된 너구리 죽이는 마리오

19

{ 왕명으로 금지된 }
체크 무늬

잉글랜드와 스코틀랜드가 합쳐져 영국이 된 것은 1603년의 일이었다. 그 후 백수십 년이 지난 1746년, 영국의 왕 조지 2세는 갑자기 스코틀랜드인들을 탄압하기 시작했다. 그런데 그 방법이 좀 특이했다. 스코틀랜드인들에게 옷을 못 입게 한 것이다. 좀더 자세히 설명하자면, 알몸으로 다니라고 명령한 것이 아니라 그들이 끔찍하게 아끼는 전통 복식, 타탄과 킬트를 입지 못하도록 한 것이다. 스코틀랜드 문화의 정수라 할 수 있는 타탄과 킬트는 왜 영국에서 금지된 것일까? 이유는 간단하다. 왕이 싫어했기 때문이다.

왜 싫어할 수밖에 없었는지 그 장구한 역사적 배경을 살펴보자. 남으로 잉글랜드와 북으로 스코틀랜드가 자리 잡고 있는 곳, 그래이트 브리튼 섬. 잉글랜드엔 독일계 이민족인 앵글로색슨이 터를 잡고 영어를 쓰며 살았고 스코틀랜드엔 아일랜드에서 이주한 켈트족이 스코티

쉬 갈릭Scottish Gaelic어를 쓰며 살았다. 인종, 문화, 언어가 다른 두 집단이 제한된 영토에서 살고 있다. 영속 가능한 평화가 찾아오긴 애초에 힘든 상황이었을 것이다.

비교적 안정되어 있었던 두 왕국의 관계가 악화일로로 치닫기 시작한 건 스코틀랜드의 강력한 군주 알렉산더 3세(1249~1286)가 낙마 사고로 죽고, 왕위를 물려받은 그의 손녀(1286~1290)가 항해 도중 병을 얻어 일곱 살의 나이로 죽고, 그녀의 조력자들이 이런 이유로 죽고, 저런 이유로 죽고…… 그리고 나자 악명높은 잉글랜드의 왕 롱생크(1272~1307년까지 재위)가 무주공산으로 보이는 스코틀랜드에 지배력을 강화하기 시작하면서부터였다.

어린 제임스 모레이James Moray의 초상
스코틀랜드 귀족 소년을 그린 이 그림에서 킬트, 양말, 조끼, 재킷 모두 타탄으로 되어 있다.

죽은 일곱 살 여왕의 뒤를 이어 스코틀랜드 왕위에 오른 존 베일리얼(1292~1296)이 조공을 바치라는 롱생크와 전쟁을 하다 대패하여 퇴위될 때쯤 대세는 잉글랜드로 완전히 기우는 듯 보였다. 하지만 거의 동시에 스코틀랜드에선 위대한 전쟁영웅 로버트 1세(1306~1329)가 즉위하고 잉글랜드에선 백전백패의 졸장 에드워드 2세(1307~1327)가 아버지인 롱생크의 왕좌를 승계하면서 상황은 역전되었다. 로버트 1세는 전쟁에서 승리하고 대외로는 독립선언을 하는 등의 노력으로 잉글랜드의 침략에 적극적으로 대항하였다. 사후 그의 왕위는 아들인 데이비드 2세(1329~1371)를 거쳐 그의 외손자 로버트 2세(1371~1390)에게 계승되는데, 로버트 2세의 아버지 즉 로버트 1세의 사위는 스튜어트 Stewart 가문 출신이었다. 정리하자면, 위대한 전쟁영웅을 배출한 외가와 대대로 유력한 가문이었던 친가를 둔 로버트 2세가 스코틀랜드 왕이 된 것이고 이것이 바로 '스튜어트 왕조'의 시작이었다.

스튜어트 왕조는 대체로 순항했다. 절대왕권을 확립하지는 못했다고 해도 자력으로 혹은 프랑스와의 협력을 통해 잉글랜드에 대항해 영토와 주권을 지켜냈고 그 결과 동군연합同君聯合에까지 이르게 된다. 동군 연합이란 다수의 군주국이 합의에 의해 동일 군주를 모시는 체제를 말하는데, 이것이 왕관연합Union of the Crowns 이라는 이름으로 1603년 제임스 6세(1567~1625)에게 찾아온다.

왕비가 된 후 3년 만에 목이 잘려 죽은 앤 벌린의 딸 엘리자베스 1세(1558~1603) 잉글랜드 여왕은 직계자손이 없는 상태로 눈을 감는다. 계승 서열을 따져 보니 스코틀랜드로 시집간 고모의 증손이 가장 가까웠는데, 그가 스코틀랜드의 왕이었던 제임스 6세였던 것이다. 그가 냉큼 달려가 잉글랜드 왕위마저 받게 되면서 오랜 세월 싸워 왔던 이 두 왕국은 연합 체제로 들어서게 된다. 이때부터 잉글랜드와 스코틀랜드를 합쳐 단 한 명의 왕만이 존재할 수 있게 되었다. 누가 왕이 되더라도 두 나라를 통치하는 것이다. 민족주의가 강한 우리나라 문화에선 참으로 이해하기 힘든 일이다. 예를 들어 우리나라와 일본 사람 중 하나를 뽑아 두 국가를 통치하게 한다면? 왕을 배출한 나라는 쾌재를 부르겠지만 그렇지 못한 나라는 국가의 존망을 걱정해야 할 것이다. 하지만 유럽의 왕가들은 빈번한 결혼으로 인해 서로 혈족이나 다름없었고, 왕을 옹립하는 귀족들의 관심사는 그 왕의 민족적 혈통이나 출신지가 아니라 얼마나 자신의 이익과 종교에 부합하는가였기 때문에 스코틀랜드 왕을 잉글랜드 왕으로 모셔오는 일도 가능했던 것이다.

왕관이 하나로 합쳐지고 스튜어트 왕가는 계속해서 왕을 배출하고 있었는데 제임스 7세(1685~1688)가 네덜란드, 오라녜나사우Oranje-Nassau 왕가 출신의 사위에게 왕좌를 빼앗기면서 일대 혼란이 일어나게 된다. 스코틀랜드인들은 자신의 영토에 기반을 두었을 뿐 아니라 종교적 성향도 같은 스튜어트 왕가에 왕위를 되돌려 놓고자 지속적으로 봉기하였고 왕위를 확보한 측은 진압하였다. 이것이 재커바이트 반란Jacobite risings(1688~1746)이다.

재커바이트 반란을 진압하며 명백해진 것 하나는 스코틀랜드인들,

특히 하이랜더들은 지독한 존재라는 것이다. 전투에 임하는 그들의 자세가 마치 야만인 같았기 때문이다. 최전방 돌격대는 더욱 그랬다. 대치상황의 정적을 깨고 일제히 달려드는 이들은 언제나 하이랜더 전사들이었다.

아군과 적군의 총포에서 화염이 쏟아져 나오고 전장이 연기로 자욱해지면 그들은 땅에 바짝 엎드려 총알을 피하며 적진으로 기어간다. 적군의 소총수들이 재장전하는 틈에, 그들은 번개처럼 달려간다. 더 빨리 달리기 위해, 보호 장구는 물론 치마까지 벗어놓고 화살촉 모양의 대형을 이루어 상대의 방어대형을 쪼개고 들어간다. 그때부터는 핏속의 백병전. 칼만 든 육체와 육체의 싸움에서 하이랜더들을 당해낼 부대는 많지 않았다. 하지만 문제는 진압군의 수와 무기, 그리고 가장 중요한 군수물자 지원이 반란군보다 월등하다는 사실이었다.

제 아무리 용맹하다 해도 빵이 없으면 싸울 수 없다. 쿨로든 전투Battle of Culloden(1745)는 그들의 마지막이었다. 며칠씩 굶은 2000여 명의 반란군이 힘없이 쓰러졌고, 스튜어트 왕조에 왕권을 되찾아 오려던 시도는 그렇게 비극적으로 마무리 되었다.

왕권을 가진 조지 2세의 입장에서 생각해 보자. 타탄 무늬의 킬트를 입고 날뛰는 폭도들이 곱게 보일 이유가 없다. 그래서 금지시킨다. 더 이상 타탄과 킬트를 입지 못하도록 한다. 이것이 1746년 발효된 복장 금지령Dress Act이다. 왕이 스코틀랜드 복식을 얼마나 싫어했는지는 위반자에 대한 형벌의 정도로 가늠해 볼 수 있다. 초범일 경우 6개월 투옥이었고 재범일 경우 7년간 해외 강제노동이었다.

　단순히 어떤 옷을 입었다는 이유로 받는 형벌 치고는 매우 혹독한 것이었다. 하지만 세월의 흐름과 함께 왕권이 조지 2세에서 그의 손자인 조지 3세로 넘어가고, 재커바이트 반란에 대한 권력자들의 분노도 누그러지면서 복장금지령은 그 효력이 점점 희미해져 갔다. 결국 유야무야되었던 복장금지령은 1782년 완전히 해제된다. 이제 누구라도 마음껏 타탄과 킬트를 입을 수 있게 된 것이다. 이후 타탄 때문에 스코틀랜드 전체의 사회 문화가 들썩이는 아주 재미난 일이 벌어진다.

　조선 후기라고 생각해 보자. 길가는 사람의 차림새를 보고 '경주 최씨구먼' 혹은 '파평 윤씨네' 하며 그 사람의 성을 맞출 수 있었을까? 우

쿨로든 전투(데이비드 모리어)
타탄을 입은 스코틀랜드인들을 영국군이 진압하고 있다.

리나라는 물론 그 어느 곳에서도 불가능했을 것이다. 하지만 스코틀랜드만은 예외였다. 타탄이 있었기 때문이다. 타탄^{Tartan}이란 단순히 체크무늬의 한 종류일 뿐인데 무슨 수로 착용자의 성을 알 수 있게 해 준다는 것인지 쉽게 납득이 되지 않는다.

직물의 역사를 살펴보면 다양한 종류의 체크무늬가 여러 문화권에서 발견된다. 따라서 타탄이 스코틀랜드만의 고유문화라고 말할 수는 없다. 게다가 근대 이전의 스코틀랜드라고 해서 모두가 타탄을 입었던 것도 아니다. 하지만 어느 순간 타탄은 스코틀랜드의 상징이 되는데, 이는 상업적인 시도에 의해 파생된 우연한 결과였다.

앞서 설명했듯, 영국왕 조지 2세는 많은 수의 하이랜더들이 재커바이트 반란에 참여했다는 이유로 그들의 문화인 타탄과 킬트에 대한 복장금지령을 내린다. 하지만 하나 예외가 있었으니 그것은 스코틀랜드 출신으로서 영국을 위해 복무하는 군인들이었다. 정규군에 편성되어 있어 반란을 획책할 가능성이 없는 이들의 군복까지 벗길 필요는 없었다. 이 스코틀랜드 병사들에게 타탄을 공급하던 이가 윌리엄 윌슨 William Wilson, 후에 클란타탄^{Clan tartans}의 창시자가 되는 인물이다. 클란 Clan 이란 우리말로 동족同族 혹은 가문을 뜻한다. 우리나라의 종가에 해당한다고 보면 된다. 그러므로 클란타탄은 '가문의 상징이 되는 타탄' 정도로 이해 할 수 있다.

이제 윌리엄 윌슨이 우연히 만들어낸 것이 무엇이고 어떻게 스코틀랜드의 사회문화를 들썩이게 했는지 살펴보자. 그는 베녹번^{Bannockburn}

에 위치한 소규모 타탄 직물상을 운영하고 있었다. 꾸준한 스코틀랜드 병사들의 기본적 수요와 복식금지령의 효력이 당연히 미칠 수 없는 스코틀랜드의 힘있는 귀족들의 주문에 의지해 사업을 꾸려가고 있던 중 1782년에 복장금지령이 해제되면서 누구라도 타탄을 입을 수 있게 되었고 주문량은 하루가 다르게 늘어났다. 대량생산체제의 구축이 절실했다.

대규모 생산에 있어 필수적인 것은 제품의 표준화. 그러기 위해선 표준화할 제품의 샘플이 필요했다. 그는 스코틀랜드의 모든 지인들에게 편지를 보내 그들이 입는 타탄의 샘플을 요청했다. 그렇게 수집한 200여 샘플은 지역별로 분류되었고 그 지역에서 명망있는 가문의 이름으로 불리게 된다. 아넌데일Annandale에서 온 것은 그 지역 영주의 성을 따서 부르스 타탄으로, 앙구스Angus에서 온 것 역시 그 지역 영주의 성을 따라 던컨 타탄으로, 서덜랜드Sutherland에서 온 것도 마찬가지 방법으로 매클리오드 타탄이라 불렀다.

이렇게 이름 붙은 타탄이 제품으로 판매되기 시작하면서 이 모든 것이 시작된다. 세상 어디에도 그 유례가 없는 '내 이름을 가진 상품만 구입하기.' 부르스 가의 사람이 부르스 타탄을 사는 것은 당연하지만 던컨 타탄을 구입해 입는 것은 자존심이 상한다. 이는 던컨이나 매클리오드도 마찬가지다. 제 가문의 타탄이 있는데 다른 가문의 타탄을 입을 이유가 없다. 클란타탄 즉, 가문 공식 타탄이라는 개념이 생기기 시작한 것이다. 그러자 공식 타탄이 없는 가문들은 안달이 날 수밖에 없었다. 뼈대 없는 가문으로 보이기 십상인 것이다. 그들은 앞 다투어 공식 타탄을 개발해 그 샘플을 윌리엄 윌슨에게 보내고 가문 공식 타탄으로 인정해 줄 것을 요청하게 된다. 하지만 사업가일 뿐인 윌리엄 윌슨에게 그런 권한이 있을 리 없다. 공식적으로 각 가문의 타탄을 수집하고 인증하는 작업은 런던에 위치해 있던 스코틀랜드 향우회에 의해 1815년부터 시작되었고 지금은 몇몇의 사단법인에 의해 그 업무가 이루어지고 있다.

　가문 공식 타탄이 확립되고 난 후 스코틀랜드 사회는 다른 사회와 조금 달라졌다. 대부분의 가문이 공식타탄을 갖게 되었고 지역별로, 도시별로, 단체별로, 심지어는 기업체에서도 공식 타탄을 개발해 사용

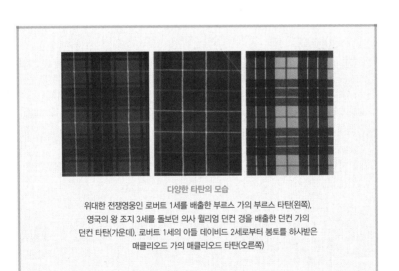

다양한 타탄의 모습
위대한 전쟁영웅인 로버트 1세를 배출한 부르스 가의 부르스 타탄(왼쪽),
영국의 왕 조지 3세를 돌보던 의사 윌리엄 던컨 경을 배출한 던컨 가의
던컨 타탄(가운데), 로버트 1세의 아들 데이비드 2세로부터 봉토를 하사받은
매클리오드 가의 매클리오드 타탄(오른쪽)

하게 된 것이다. 마치 공식 타탄이 없으면 스코틀랜드인이 아니기라도 한 것처럼. 길다가 마주친 사람의 옷을 보고 '케네디 가 사람이군' 할 수 있는 유일한 나라, 그곳이 스코틀랜드다.

현재도 스코틀랜드 타탄 등록소The Scottish Register of Tartans는 새로운 타탄을 기다리고 있다. 군이 어떤 가문이나 단체가 아니더라도 상관없다. 국적과 신분에 관계없이 개인 전용 타탄도 등록이 가능하다. 당신의 미적 감각으로 창조된, 당신의 이름을 딴, 당신만의 타탄을 만들 수 있는 것이다. 디자인은 예상 외로 간단하다. 타탄 등록소 홈페이지에서 Compare Designs 메뉴를 클릭하고 원하는 색과 색의 두께만 결정하면 된다. 그러면 프로그램이 자동으로 타탄이 직조되었을 때의 모습을 실밥 하나하나 선명하게 그래픽으로 보여 준다.

마음에 들었다면 이제 정식으로 등록할 차례! 그런데 영국돈 70파운드 가량이 필요하다.

글을 마치기 전 오해의 소지가 있는 한 가지를 짚고 넘어가자. 사실 타탄이란 말의 어원은 프랑스어이기 때문에, 엄밀히 말하면 이 단어는 '스코틀랜드 전통 격자무늬'가 아니라 생산국과 상관없는 그냥 '격자무늬'인 것이 맞다. 하지만 윌리엄 윌슨의 샘플 작업 이후로 모든 스코틀랜드의 가문이 공식 타탄을 갖게 되었고, 그 후로 오랫동안 이에 대해 애착을 가지고 자랑스러운 전통문화로 키워 왔다. 군인의 정복은 반드시 타탄으로 만들고 모든 공식행사나 파티에 타탄이 빠지는 법이 없다. 그 결과 7000종류가 넘는 타탄이 개발되었다고 한다. 상황이 이

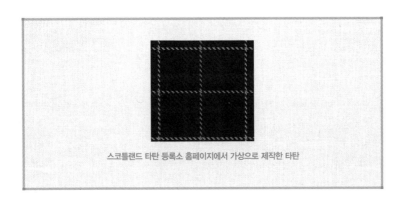

스코틀랜드 타탄 등록소 홈페이지에서 가상으로 제작한 타탄

렇다 보니 타탄이라는 말은 자연스레 스코틀랜드의 전통 격자무늬만
을 의미하는 단어로 굳어지고 있다. 많은 경우, 무엇을 가졌는가보다
가진 것을 어떻게 쓰느냐가 더 중요하다.

옷 입은 사람 이야기

남겨진 이야기
XXXXXXX

어떻게 보면 타탄이나 킬트가 그렇게 대단한 문화일 것도 없다. 킬트의 경우 속옷을 안 입는 전통으로 인해 조롱 받기 일쑤였고, 타탄의 경우 상업적 목적의 표본 수집으로부터 전국적 유행이 시작된 것이기 때문에 정통성에 대한 시비가 끊이지 않는다. 그럼에도 불구하고 이 전통 복식의 구성 요소들은 오늘의 스코틀랜드 사람들에게 대단히 소중하다. 조금 모자라다손 치더라도, 제 것이기에 자랑스레 품는다.

이와 비교하여 우리나라의 형편을 한번 생각해 보자. 얼마나 다행인가! 세상 어디에 내 놓아도 손색없는 복식문화유산을 가지고 있으니 말이다. 군인들의 복장은 더 말할 나위도 없다. 조선, 고려, 삼국, 그리고 그 이전을 살펴보아도 오랜 역사에서 축적한 미의식과 기술이 오롯이 담겨 있다. 그곳엔 융복戎服과 전립氈笠, 환도環刀가 일체一體이고 적赤, 청靑녹

철종의 표준 영정(석영 최광수)

綠자紫비의 조화가 시감각의 운율을 타고 비동飛動한다. 널리 자랑해야 마땅하다. 그런데 왜일까? 실로 궁금하지만 아무도 묻지 않기에 주저했던 질문, 왜 일까? 무슨 이유로 대한민국의 영토와 국민과 주권과 전통을 지키겠노라 맹세하는 이들이 프랑스 기마병의 복장을 하고 있을까?

육해공 각 사관학교의 입교식모습

01 300년간의 일방적 살육

12쪽	http://www.mountainsofstone.com/fur_trappers.htm
13쪽	Hudson's Bay Company Archives.
18쪽	http://www.beckwourth.org/Biography/index.html
20쪽 상	http://www.legendsofamerica.com/we-johnjacobastor.html
20쪽 중	http://nyc-architecture.com/GON/GON017.htm
20쪽 하	Dolin, E. J. (2010). Fur, fortune, and empire: the epic history of the fur trade in America, NY: W.W. Norton & Co.
22쪽	http://www.nytimes.com/learning/general/onthisday/harp/0606.html

02 모자장이처럼 미치다

26쪽	Dolin, E. J. (2010). Fur, fortune, and empire: the epic history of the fur trade in America, NY: W.W. Norton & Co.
28쪽	G. Bugger[ed.], Das Buch der grossen Chemiker, Vol. I. Berlin: Verlag Chemie. 1929-30. Retrieved from: Goldwater, L. J. (1972). Mercury: A history of quicksilver, NY: New York Press.
33쪽	http://www.victorianweb.org/art/illustration/tenniel/alice/7.1.html

XXXXXXXXX

03 같은 옷을 입는다는 것

34쪽   Archie Comics.(2008, June). Betty and Veronica #183.
        Archie Comic Publications, Inc.

36쪽   Mollo, J. (1972). Military fashion. New York. G.P. Putnam's
        Sons.

38쪽   Martin, P. (1967). European military uniforms: A short
        history. Spring Books.

40쪽   http://impactandsalvo.devhub.com/blog/662935-potsdam-
        giants-by-name/

04 교복에 갇힌 아이들

44쪽   http://www.telegraph.co.uk/education/expateducation/8906758/
        Getting-tied-up-in-knots-over-great-school-uniform-debate.
        html

48쪽   http://www.mymodernmet.com/profiles/blogs/symbolic-
        installations-by-doho

05 여왕의 웨딩드레스

55쪽   Franz Xaver, Winterhalter, 1842

56쪽 상 http://www.royal.gov.uk/The%20Royal%20Collection%20
        and%20other%20collections/TheRoyalArchives/
        QueenVictoriaeducationproject/TheweddingofQueenVictor
        iaandPrinceAlbert1840.aspx

56쪽 중   http://thedreamstress.com/2011/04/queen-victorias-
          wedding-dress-the-one-that-started-it-all/queen-victoria-
          wedding-dress-winterhalter/

56쪽 하   http://thedreamstress.com/2011/04/queen-victorias-
          wedding-dress-the-one-that-started-it-all/queen-victorias-
          shoes1/

58쪽   http://theroyalpost.com/2011/11/22/queen-victorias-
          wedding-dress-february-10-1840/

62쪽 좌   http://orderofsplendor.blogspot.com/2011/10/royal-
          splendor-101-crown-jewels.html

62쪽 우   http://theroyalpost.com/2011/11/23/queen-victorias-
          wedding-jewelry/

06 지퍼, 천덕꾸러기에서 황금알로

64쪽   Friedel, R.(1994). Zipper: An exploration in novelty. NY:
          Norton & Company.

66쪽   Friedel, R.(1994). Zipper: An exploration in novelty. NY:
          Norton & Company.

69쪽   Friedel, R.(1994). Zipper: An exploration in novelty. NY:
          Norton & Company.

70쪽   Friedel, R.(1994). Zipper: An exploration in novelty. NY:
          Norton & Company.

71쪽   Friedel, R.(1994). Zipper: An exploration in novelty. NY:

×××××××××

Norton & Company.

07 청바지의 왜곡된 전설

77쪽   Hill, M. (1999). Gold: The California story. CA: Berkeley and Los Angeles. University of California Press.

78쪽 좌 http://www.goldgold.com/capturing-gold-nuggets.html

78쪽 중 Hill, M. (1999). Gold: The California story. CA: Berkeley and Los Angeles. University of California Press.

78쪽 우 http://www.goldgold.com/placer-gold-deposits-pay-off.html

80쪽   Jackson, J. H. (1949). Gold rush album. NY: New York. Bonanza Books.

81쪽   Hill, M. (1999). Gold: The California story. CA: Berkeley and Los Angeles. University of California Press.

08 황금시대의 신화가 되다

86쪽   Henry, S., & Taitz, E. (1990). A biography of Levi Strauss: Everyone wears his name. MN: Minnesota. Dillon Press.

90쪽   Henry, S., & Taitz, E. (1990). A biography of Levi Strauss: Everyone wears his name. MN: Minnesota. Dillon Press.

91쪽   Henry, S., & Taitz, E. (1990). A biography of Levi Strauss: Everyone wears his name. MN: Minnesota. Dillon Press.

93쪽 상상 Sullivan J. (2006). Jeans: A cultural history of an American icon. NY: New York. Gotham Books;

XXXXXXXXXX

93쪽 상   Harris, M. (2010). Jeans of the old west: A history. PA: Atglen. Schiffer Publishing Ltd.

93쪽 중   http://www.trademarkia.com/murphy-grant--co-77002814. html

93쪽 하   Henry, S., & Taitz, E. (1990). A biography of Levi Strauss: Everyone wears his name. MN: Minnesota. Dillon Press.

09 불을 막는 마법의 속옷

101쪽 좌   http://comevisit.com/lds/js3photo.htm

101쪽 우   http://www.mormonthink.com/transbomweb.htm

104쪽 상   http://www.lds-mormon.com/veilworker/endowment1. shtml

104쪽 하   http://julietchristie.hubpages.com/hub/Freemasom-Beliefs

106쪽   http://www.salamandersociety.com/temple/garments/

109쪽   http://www.i4m.com/think/history/carthage-jail-smith.htm

110쪽   http://joedonatelli.com/mitt-romney%E2%80%99s-magic-underwear/

10 히잡을 쓴 역도선수

113쪽   http://www.msnbc.msn.com/id/43527580/ns/world_news-americas/t/muslim-weightlifter-fights-compete-hijabi-style/#.T-W13bWm9r0

118쪽   http://msnbc.zendesk.com/attachments/token/

XXXXXXXXX

ztjarbwfiw56l1v/?name=IWF_final.pdf , modified by
Minjung Lee

120쪽   http://photoblog.msnbc.msn.com/_news/2011/07/15/7092679-
muslim-weightlifter-competes-in-usa-national-weightlifting-
competition?lite

122쪽   http://www.rferl.org/content/un_urges_fifa_to_overturn_
hijab_ban/24501905.html?s=1

11 시리아 여인의 화려한 속옷

124쪽   http://www.photographersdirect.com/buyers/stockphoto.
asp?imageid=996298

125쪽   Halasa, M., & Salam, R. (2008). The secret life of Syrian
lingerie; Intimacy and Design. Chronicle Books, San
Francisco, CA.

125쪽 하 http://www.time.com/time/video/player/0,32068,6597
3205001_1963536,00.html

131쪽   Halasa, M., & Salam, R. (2008). The secret life of Syrian
lingerie; Intimacy and Design. Chronicle Books, San
Francisco, CA.

12 작전명 코테카

136쪽 좌 http://www.indonesia-tourism.com/forum/showthread.
php?1851-Koteka

XXXXXXXXX

136쪽 우 http://haloindo.com/indo-culture/koteka.html

140쪽 Vicary, G. Q. (1989). Visual art as social data: The Renaissance codpiece. Cultural Anthropology, 4(1), 3-25.

141쪽 http://www.luminarium.org/renlit/tudorbio.htm

144쪽 상 Lewis, J. A. (1993). Hmong visual, oral, and social design: Innovation within a frame of the familiar. (Master Thesis, University of California)

144쪽 하 http://www.rutlandcropwalk.com/photo_album.0.9.html

13 페루크, 머리 없는 남자들의 사연

146쪽 Corson, R. (2001). Fashions in hair: The first five thousand years. London; Peter Owen.

149쪽 Andrews's At the sign of the barber's pole. reinvited by Corson, R. (2001). Fashions in hair: The first five thousand years. London; Peter Owen.

151쪽 Corson, R. (2001). Fashions in hair: The first five thousand years. London; Peter Owen.

14 여왕의 머리에 앉은 훌륭한 닭

156쪽 http://americanduchess.blogspot.com/2012/02/v50-18th-century-hair-of-tall-ships.html

157쪽 http://americanduchess.blogspot.com/2012/02/v50-18th-century-hair-of-tall-ships.html

XXXXXXXXX

159쪽　　Corson, R. (2001). Fashions in hair: The first five thousand
　　　　　years. London; Peter Owen.

160쪽 좌　Lever E. (2000). Marie Antoinette: The last queen of france.
　　　　　NY; Farrar, Straus and Giroux, LLC.

160쪽 중　Weber, C. (2006). Queen of Fashion: What Marie
　　　　　Antoinette wore to the revolution. NY; Henry Holt and Co,
　　　　　LLC.

160쪽 우　Weber, C. (2006). Queen of Fashion: What Marie
　　　　　Antoinette wore to the revolution. NY; Henry Holt and Co,
　　　　　LLC.

15 군인과 치마와 엉덩이

168쪽　　Hesketh, C. Tartans. G.P. Putnam's sons. New York.

173쪽 좌　http://www.layoutsparks.com/pictures/pattern-20

173쪽 우　Wilton, B. (2007). Tartans. Aurum Press Limited. London.

16 그녀의 가슴에 자유를 허하라

178쪽　　http://www.catch21.ca/printArticle/769493

179쪽　　http://earthfirst.com/national-go-topless-protest-day-
　　　　　%E2%80%93-august-23rd/

180쪽　　http://blogs.laweekly.com/informer/2011/07/go_topless_
　　　　　day_venice_beach.php?page=2

183쪽　　http://njuice.com/pzs

×××××××××

17 부끄러운 줄 아시오?

186쪽 상   http://www.fur.org/designers-2011/?album=7&gallery=174

186쪽 하   http://www.upi.com/News_Photos/Features/PETA-holds-
anti-fur-demonstration/5301/#!/1/

189쪽   Municchi, A. (1993). The twentieth century, history of
fashion: Ladies in furs 1940-1990. Zanfi Editori.

190쪽   http://www.teara.govt.nz/en/diseases-of-sheep-cattle-and-
deer/6/1

191쪽   http://melbourneprotests.wordpress.com/2011/03/15/have-
a-heart-stop-mulesing-peta-protest-at-melbourne-fashion-
festival-15-march-2011/

18 동물해방이라는 유행

198쪽   http://itsthecrew.com/philosophy/i-dont-belong-here-man-
fuck-peta/

203쪽   http://features.peta.org/mario-kills-tanooki/

19 왕명으로 금지된 체크무늬

205쪽   Banks, J., & Chapelle, D. D. L. (2007). Tartan: Romancing
the plaid. Rizzoli.

209쪽   David Morier(1746), The Battle of Culloden

212쪽   Bain R. (1981). The Clans and tartans of scotland. Fontana
& Collins, Glasgow & London.

✕✕✕✕✕✕✕✕✕

214쪽   http://nationalculture.mcst.go.kr/portrait/data/portrait_
        view.jsp?sp_seq=6

그림출처

01 300년간의 일방적 살육

Dolin, E. J. (2010). Fur, fortune, and empire: the epic history of the fur trade in America, NY: W.W. Norton & Co.

Despain, M. (1997). Fur trappers and traders of the far Southwest. Utah State University Press.

Chittenden, H. M. (1902). The American fur trade of the far west. Vol 1.

White, R. (1991). The middle ground: Indians, Empires, and republics in the Great Lakes Region, 1650-1815. Cambridge University Press.

Fred, G. (2005). Rocky mountain rendezvous: A history of the fur trade 1825-1840, Gibbs Smith.

Beckwourth, J. (2005). The life and adventures of James P. Beckwourth, maountaineeer, scout, and pioneer, and chief of the Crow Nation of Indians. Adamant Media Corporation.

McDonald, F. (2007). Hats and headdresses through history. Gareth Stevens Publishing.

Madsen, A. (2001). John Jacob Astor: Americas's first multimillionaire. John Wiley & Son.

http://wdfw.wa.gov/publications/00513/wdfw00513.pdf

http://mtmen.org/index.html

02 모자장이처럼 미치다

Swiderski, R. M. (2008). A history of the use, lore, and effects of mercury. NC: McFarland & Co.

Goldwater, L. J. (1972). Mercury: A history of quicksilver, NY: New York Press.

Cole, H. N., Gericke, A. J., & Sollmann, T. (1922). The treatment of syphilis by mercury inhalations: History, method and results. Archives of Dermatology, 5(1), 18-33.

Sartin, J. S.,& Perry, H. O. (1995). From mercury to malaria to penicillin: The history of the treatment of syphilis at the Mayo. Journal of the American Academy of Dermatology, 32(2), 255-261.

Dracobly, A. R. (2004). Theoretical change and therapeutic innovation in the treatment of syphilis in Mid-Nineteenth-Century France. Journal of the History of Medicine and Allied Sciences, 59(4), 552-554.

Cole, H. N., Hutton, J. G., Sollmann, T. (1924). The clean inunction treatment of syphilis with mercury. The Journal of the American Medical Association, 82(3), 199-200.

Jungmann, A. M. (1916). Mercury poisoning and deafness: The price of a Derby hat. Popular Science Monthly, 88, 68-70.

http://corrosion-doctors.org/Elements-Toxic/Mercury-mad-hatter.htm

03 같은 옷을 입는다는 것 · 04 교복에 갇힌 아이들

Brunsma, D. L. (2004). The school uniform movement and what it tells us about American education; A symbolic crusade. Scarecrow

XXXXXXXXXX

Education, Lanham, MD.

Brunsma, D. L., & Rockquemore, K. A. (1998). Effects of student uniforms on attendance, behavior problems, substance use, and academic achievement. Journal of Educational Research, 92(1), 53-62.

Brunsma, D. L. (2002). School uniforms: A critical review of the literature. Phi Delta Pappan International, Bloomington, IN.

Murphy, M. L. (1997). Public school uniforms: A case study of one school's experience. Unpublished Doctoral Dissertation. Humanities and Social Science. University of Washington.

Behling, D. (1994). School uniforms and person perception. Perceptual and Motor Skills, 79(2),723-729.

Behling, D., & Williams, E. A. (1991). Influence of dress on perception of intelligence and expectations of scholastic achievement. Clothing & Texitles Research Journal, 9(4), 1-7.

Connor, B. H., Peters, K., & Nagasawa, R. H. (1975). Person and costume: effects on the formation of first impressions. Home Economic Research Journal, 4, 32-41.

Joseph, N. (1986). Uniforms and non-uniforms: Communication through clothing, Greenwood Press. Westport, CT.

Martin, P. (1967). European military uniforms: A short history. Spring Books.

Mollo, J. (1972). Military fashion. G.P. Putnam's Sons.

XXXXXXXXX

05 여왕의 웨딩드레스

Hibbert, C. (2001). Queen Victoria: A personal history. Da Dapo
Press.

Yonge, C. M. (1870). Kings of England: A history for the young.
Bernhard Tauchinitz.

Hough, R. (1996). Victoria and Albert. St Martin's Press.

Ehrman, E. (2011). The wedding dress: 300 years of bridal fashions. Te
Papa Press.

http://thedreamstress.com/2011/04/queen-victorias-wedding-dress-
the-one-that-started-it-all/

http://theroyalpost.com/2011/11/23/queen-victorias-wedding-jewelry/

06 지퍼, 천덕꾸러기에서 황금알로

Friedel, R.(1994). Zipper: An exploration in novelty. NY: Norton &
Company.

http://vintagevisage.net/Zipper.html

http://www.ideafinder.com/history/inventions/zipper.htm

http://japanese.lingualift.com/blog/why-zips-have-ykk-on-them/

07 청바지의 왜곡된 전설 · 08 황금시대의 신화가 되다

Henry, S., & Taitz, E. (1990). A biography of Levi Strauss: Everyone
wears his name. Dillon Press.

XXXXXXXXX

Peterson, T. (2003). Levi Strauss. Capstone Classroom.

Sullivan J. (2006). Jeans: A cultural history of an American icon. Gotham Books.

Harris, M. (2010). Jeans of the old west: A history. Schiffer Publishing Ltd.

Hill, M. (1999). Gold: The California story. University of California Press.

Jackson, J. H. (1949). Gold rush album. Bonanza Books.

Grayson, R. (2012). California's Gold Rush. ABDO.

09 불을 막는 마법의 속옷

Arrington, L. J.,& Bitton, D.(1992). The Mormon experience: A History of the Later-Day Saints. University of Illinois Press.

Christianson, J. R., & Bassett, K. D. (2007). Life lessons from the book of Mormon. Cedar Fort.

Bushman, R. L. (2008). Mormonism: A very short introduction. Oxford University Press.

http://www.truthnet.org/Christianity/Cults/Mormon7/

http://www.salamandersociety.com/temple/garments/

http://www.lds-mormon.com/veilworker/endowment1.shtml

http://mormon.org/

http://blog.naver.com/sillymo?Redirect=Log&logNo=60133562589

×××××××××

10 히잡을 쓴 역도선수

Malik, I. H. (2006). Culture and customs of Pakistan. Greenwood Publising Group.

Shafik, V. (2007). Arab Cinema: History and cultural identity. American University in Cairo Press.

http://abcnews.go.com/US/athletic-hijabs-female-muslim-athletes/story?id=13829421#.T-XLpbWm9r0

http://msnbc.zendesk.com/attachments/token/ztjarbwfiw56l1v/?name=IWF_final.pdf

http://www.dailymail.co.uk/news/article-2010277/Muslim-weightlifter-Kulsoom-Abdullah-wins-fight-wear-hijab-competition.html

http://www.koreaislam.com/

http://www.islamophobiatoday.com/tag/kulsoom-abdullah/

http://www.youtube.com/watch?v=jeTusH6HdSY

http://www.youtube.com/watch?v=lRJtbzCkfLs

11 시리아 여인의 화려한 속옷

Said, E. W. (1978). Orientalism. Vintage Books. New York, NY.

Said, E. W. (1994). Curture and imperialism. Vintage Books. New York, NY.

Demetra Vaka, B. (1909). Haremlik; Some pages from the life of Turkish women. Houghton Miffin Co. Boston, MA.

×××××××××

Ball, W. (2006). Syria: A historical and acchitectural guide. Interlink Books. New York, NY.

Burns, R. (2009). The monuments of Syria; A guide. I.B. Tauris & Co Ltd. New York, NY.

Halasa, M., & Salam, R. (2008). The secret life of Syrian lingerie; Intimacy and Design. Chronicle Books, San Francisco, CA.

http://news.bbc.co.uk/2/hi/middle_east/7786564.stm

http://www.time.com/time/video/player/0,32068,65973205001_1963536,00.html

12 작전명 코테카

Naylor, L. L. (1996). Culture and change: An intruduction. Greenwood.

Neill, W. T. (1973). Twentieth-Century Indonesia. Columbia University Press.

Vicary, G. Q. (1989). Visual art as social data: The Renaissance codpiece. Cultural Anthropology, 4(1), 3-25.

Marshall, A. J., & Beehler, B. M. (2007). Ecology of Indonesian Papua Part Two. Tuttle Publishing.

Farhadian, C. (2005). Christianity, Islam and Nationalism in Indonesia. Taylor & Francis.

Boucher, F. (1987). 20,000 Years of Fashion; The history of costume and personal adorment. NY: Henry N. Abrams, Inc.,

XXXXXXXXX

Sichel, M. History of Men's Costume. London: Batsford Academic and Educatonal, Ltd.

13 페루크, 머리 없는 남자들의 사연

Corson, R. (2001). Fashions in hair: The first five thousand years. Peter Owen.

Sherrow, V. (2006). Encylopedia of Hair: A cultural history. Green Wood.

Cooper, W. (1971). Hair: Sex, society, symbolism. Stein & Day/ Publisher.

http://thehistoryofthehairsworld.com/

14 여왕의 머리에 앉은 훌륭한 닭

Lever E. (2000). Marie Antoinette: The last queen of france. NY; Farrar, Straus and Giroux, LLC.

Russell, D. A. (1982). Costume history and style. Prentice-Hall.

Hunt, L. (1992). The family romance of the French Revolution. Berkeley University of California Press.

Weber, C. (2006). Queen of Fashion: What Marie Antoinette wore to the revolution. NY; Henry Holt and Co, LLC.

Goodman, D. (2003). Marie-Atoinette: Writings on the body of a queen. Routledge.

Corson, R. (2001). Fashions in hair: The first five thousand years.

×××××××××

London; Peter Owen.

15 군인과 치마와 엉덩이

Kennett, F. (1995). Ethinic Dress, Redd International Books Ltd, New York, NY.

Crane, T. C., Hamilton, J. A., & Wilson, L. E. (2004). Scottish dress, ethnicity, and self identity. Journal of Fashion Marketing and Management.

Wilton, B. (2007). Tartans. Aurum Press Limited. London.

Hesketh, C. Tartans. G.P. Putnam's sons. New York.

16 그녀의 가슴에 자유를 허하라

Crooke, W. (1919). Nudity in India in custom and ritual. The Journal of the Royal Anthropological Institute of Great Britain and Ireland. 49, 237-251.

Milstead, V. F. (2005). Forbidding female toplessness: Why "real difference" jurisprudence lacks "support" and what can be done about it. 36 The University of Toledo Law Review, 273.

Moriber, D. (2010). A right to bare all? Female public toplessness and dealing with the laws that prohibit. 8 Cardozo Public Law, Policy & Ethics Journal, 453.

http://www.tera.ca/

Wilcox, R. T. (1951). The mode in furs. New York: Charles Scribner's Sons.

Olson, K. M., & Goodnight, T. (1994). Entanglements of consumption, cruelty, privacy, and fashion: The social controversy over fur. The Quarterly Journal of Speech, 80, 249-276.

Kasindorf, J. (1990). The fur files: The cold war over animal rights. New York Magazine, 23(2), 27-33.

Phillips, Clive, J. (2009), "A Review of Mulesing and Other Methods to Control Flystrike (Cutaneous Myiasis) in Sheep," Animal Welfare, 18, 113-21.

ABC News. (2011). Fashion designs pulled over fur controversy.

Ashton, D., Brittle, S., & Sheales, T. (2000). Demand for wool in a changing world. Australian Commodities, 7(3), 494-502.

Jagger, S. (2007) Price of mink nears record but ethical row over fur trade continues, The Times, 31 December 2007

Johnson, D. (1990). Some view battle in snow country as turning point in war over fur. New York Times, late ed., February 12, A18.

Lee, C. and A. D. Fisher (2007), "Welfare Consequences of Mulesing Sheep," Australian Veterinary Journal, 85 (3), 89-93.

Lise Skov, 2008/ Ethics and the fashion industry in West Europe.

Belton, K. and Clinton. B. E. (2007). How Society Influences Young Consumers Perceptions of Fur and Leather Goods. Undergraduate

××××××××××

Research Journal of the Human Sciences. Vol. 6.

Municchi, A. (1993). The twentieth century, history of fashion: Ladies in furs 1940-1990. Zanfi Editori.

Millward Brown Pty Ltd. (2007), "Dive into Fabric Characteristics and Appeal," Sydney, NSW:

Owen, J (2006) The fur trade: Bloody fashion. The Independent, 26 November 2006

Primary Industries Standing Committee (2006), "Model Code of Practice for the Welfare of Animals: The Sheep," Canberra, 23.

People for the Ethical Treatment of Animals (2005), "The Animals: Death "Down Under","

People for the Ethical Treatment of Animals. (n.d.). PETA's anti-skins campaign: Keeping skeletons out of the closet.

Regan, T. (2004). The case for animal rights. Berkeley, CA: California University Press.

Sneddon, J., Lee, J. A., & Soutar, G. N. (2010). An exploration of ethical consumers' response to 'animal friendly' apparel labeling. Journal of Research for Consumers, 18, 1-10.

SMH. (2005, February 19). Animal rights group steps up anti-wool campaign.

피터 싱어 외 지음, 노승영 옮김,《동물과 인간이 공존해야 하는 합당한 이유들》, 시대의 창.

http://www.furinsider.com/category/things-that-make-people-go-

XXXXXXXXX

hmmm/

www.fur.org

19 왕명으로 금지된 체크무늬

Banks, J., & Chapelle, D. D. L. (2007). Tartan: Romancing the plaid. Rizzoli.

Magnusson, M. (2003). Scotland: The story of a nation. Grove Press. New York, N.Y.

Sadler, J. (2005). Border Fury: England and Scotland at war, 1296-1568. Nongman. London.

유희경, 김문자. (1998). 한국 복식 문화사. 교문사.

Dupuy, R. E., & Dupuy, T. N. (1986). The encyclopedia of military history from 3500 B. C. to the present. Harper & Row Publishers. New York, N.Y.

Kennett, F. (1995). Ethinic Dress, Redd International Books Ltd, New York, NY.

Crane, T. C., Hamilton, J. A., & Wilson, L. E. (2004). Scottish dress, ethnicity, and self identity. Journal of Fashion Marketing and Management.

Wilton, B. (2007). Tartans. Aurum Press Limited. London.

Hesketh, C. Tartans. G.P. Putnam's sons. New York.

http://www.tartanregister.gov.uk/

http://www.scottishtartans.org/gallery.html

옷 입은 사람 이야기

초판 1쇄 발행 | 2013년 4월 8일
초판 2쇄 발행 | 2014년 1월 25일

지은이 이민정
책임편집 정일웅 | 아트디렉터 정계수 | 디자인 박은진, 장혜림

펴낸곳 바다출판사 | 발행인 김인호
주소 서울시 마포구 서교동 401-1 신현빌딩 5층 | 전화 322-3885(편집), 322-3575(마케팅부)
팩스 322-3858 | E-mail badabooks@gmail.com | 홈페이지 www.badabooks.co.kr
출판등록일 1996년 5월 8일 | 등록번호 제10-1288호

ISBN 978-89-5561-662-0 03900